Prefazione

"ALPI 2005-2018" è una selezione di 65 scatti raccolti nel corso di un oltre un decennio. Questa raccolta è composta da scatti di panorami ed ha l'intento di mostrare i vari scorci che compongono l'intero arco alpino. Gli scatti sono divisi per mesi ed ordinati cronologicamente per anno. Scatti raccolti ovviamente con macchine diverse durante i miei numerosi viaggi in moto fra le alpi, da quelle francesi fino alla Slovenia passando per Svizzera e Austria, Dolomiti comprese.

Le varie zone immortalate comprendono il Piccolo e Gran San Bernardo, Iseran, Spluga, Bonette, Galibier, Pordoi, Campolongo, Sella, Giau, Valles, Rolle, Resia, Stelvio, Foscagno, Bernina, Maloja, Moncenisio, San Bernardino, Gavia, Grossglockner, Tonale, Lombarde, Isoard, Gardena, Falzarego, Stalle, Rombo, Giovo, Moistrocca; queste sono parte dei passi e regioni attraversate in più di 10 anni di viaggi e foto.

Le Alpi sono la catena montuosa più importante d'Europa, poste a cavallo dei confini di Italia, Francia, Svizzera, Liechtenstein, Germania, Austria, Slovenia e Ungheria, separando l'Europa centro-settentrionale dallo stivale italiano.

Le Alpi hanno inizio a ovest dal colle di Cadibona e terminano a est nei pressi della città di Vienna, coprendo una distanza di circa 1.300 km a forma di arco.

La cima più alta è il Monte Bianco che con i suoi 4.810 m è anche il tetto d'Europa, la cima più alta; seguono il Monte Rosa (4.634 m), il Dom (4.545 m), il Weisshorn (4.505 m) e il Cervino (4.478 m).

Altre vette importanti sono il Grand Combin (4.314 m), il Finsteraarhorn (4.274 m), l'Aletschhorn (4.193 m), la Jungfrau (4.158 m), il Barre des Écrins (4.102 m), il Gran Paradiso (4.061 m), il Bernina (4.049 m), l'Eiger (3.970 m), il Monte Pelvoux (3.946 m), l'Ortles (3.905 m), la Grande Casse (3.855m m), il Monviso (3.842 m), il Großglockner (3797 m), la Aiguille de la Grande Sassière (3751 m), la Palla Bianca (3.738 m), il Monte Emilius (3.559 m), la Presanella (3558 m), l'Adamello (3.554 m s.l.m.), il Monte Leone (3.552 m) il Rocciamelone (3.538 m), l'Adula (3 402 m), la Marmolada (3.343 m), il Pizzo Badile (3.308 m), il Monte Argentera (3.297 m).

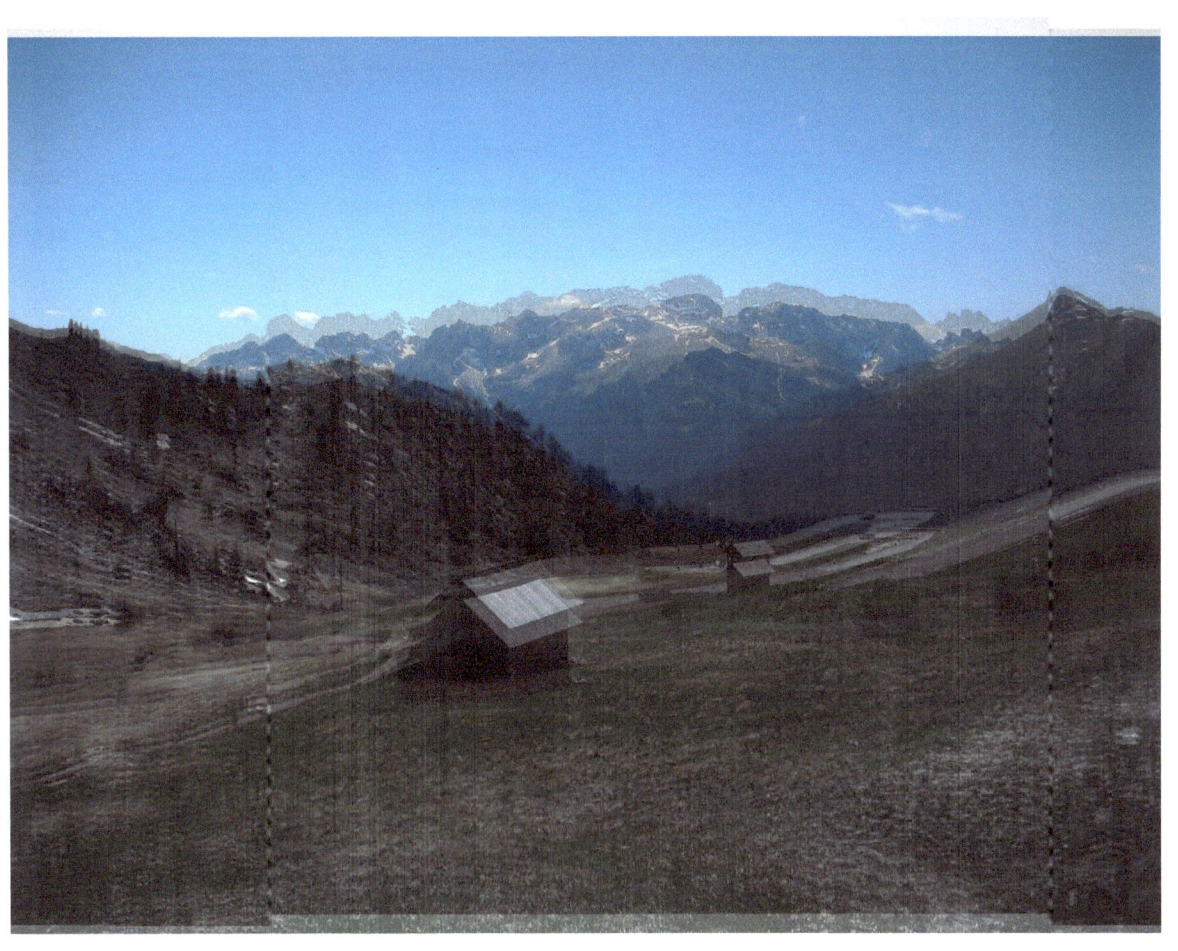

Giugno 2009 - Pordoi

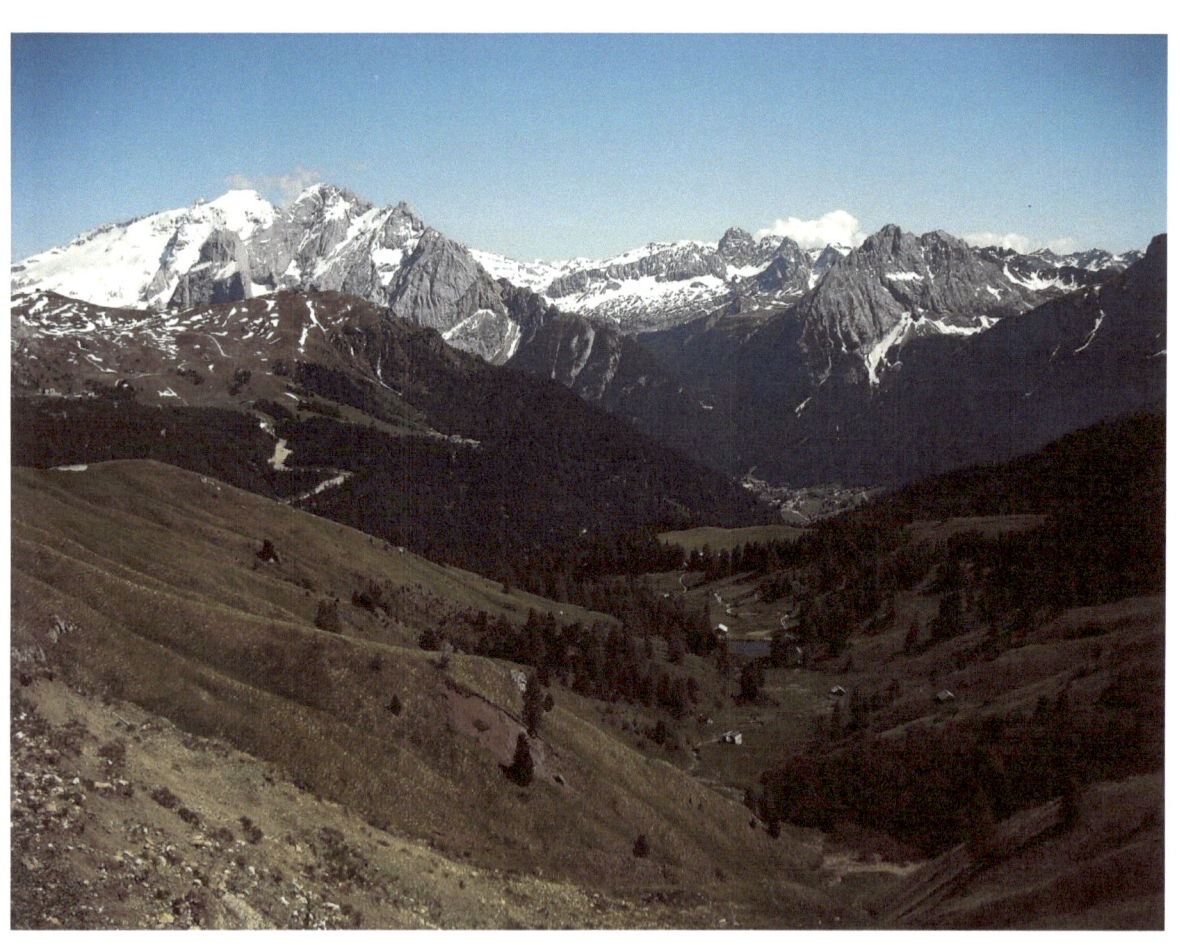

Giugno 2009 - Sella

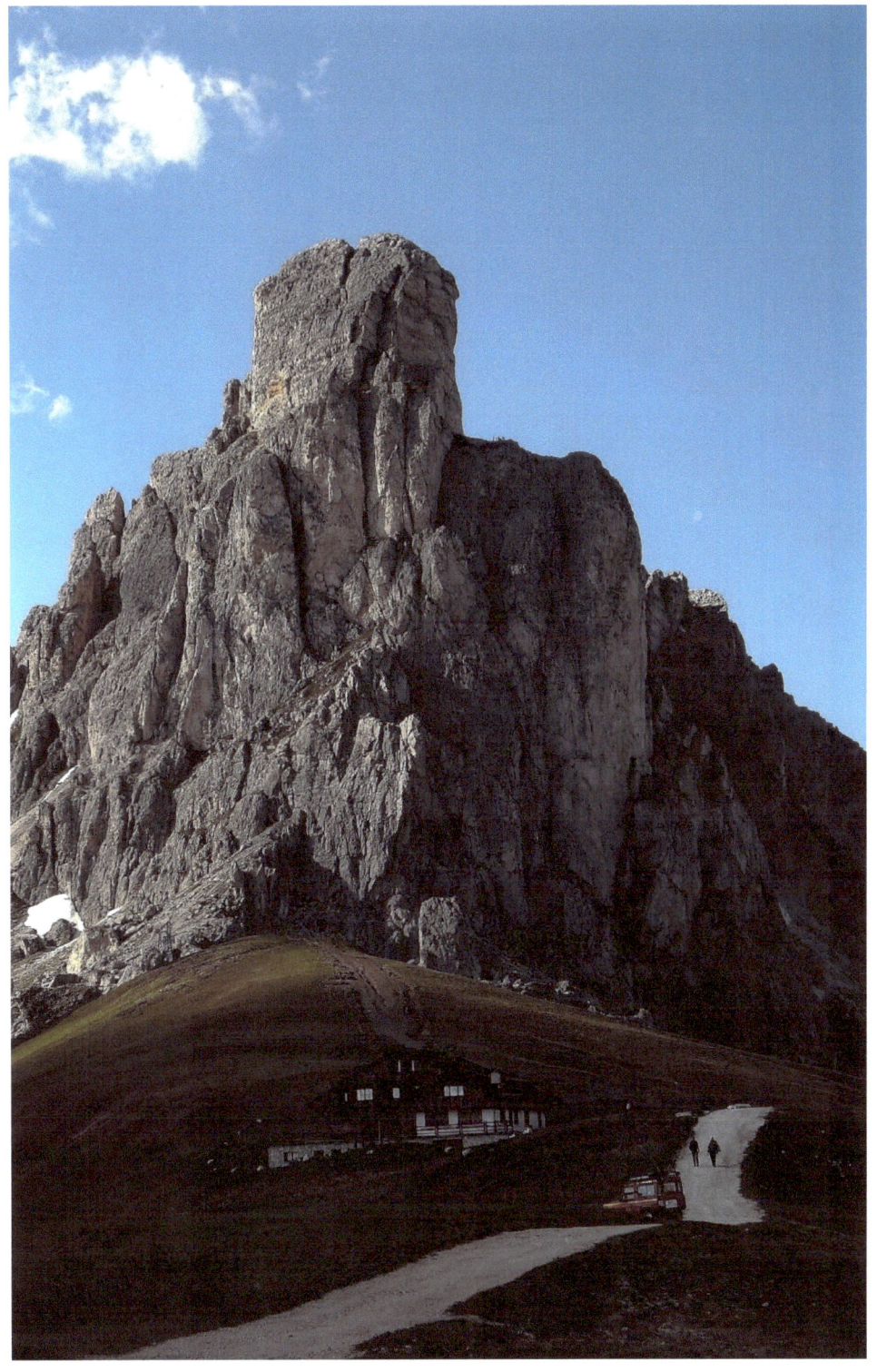

Giugno 2009 - Giau

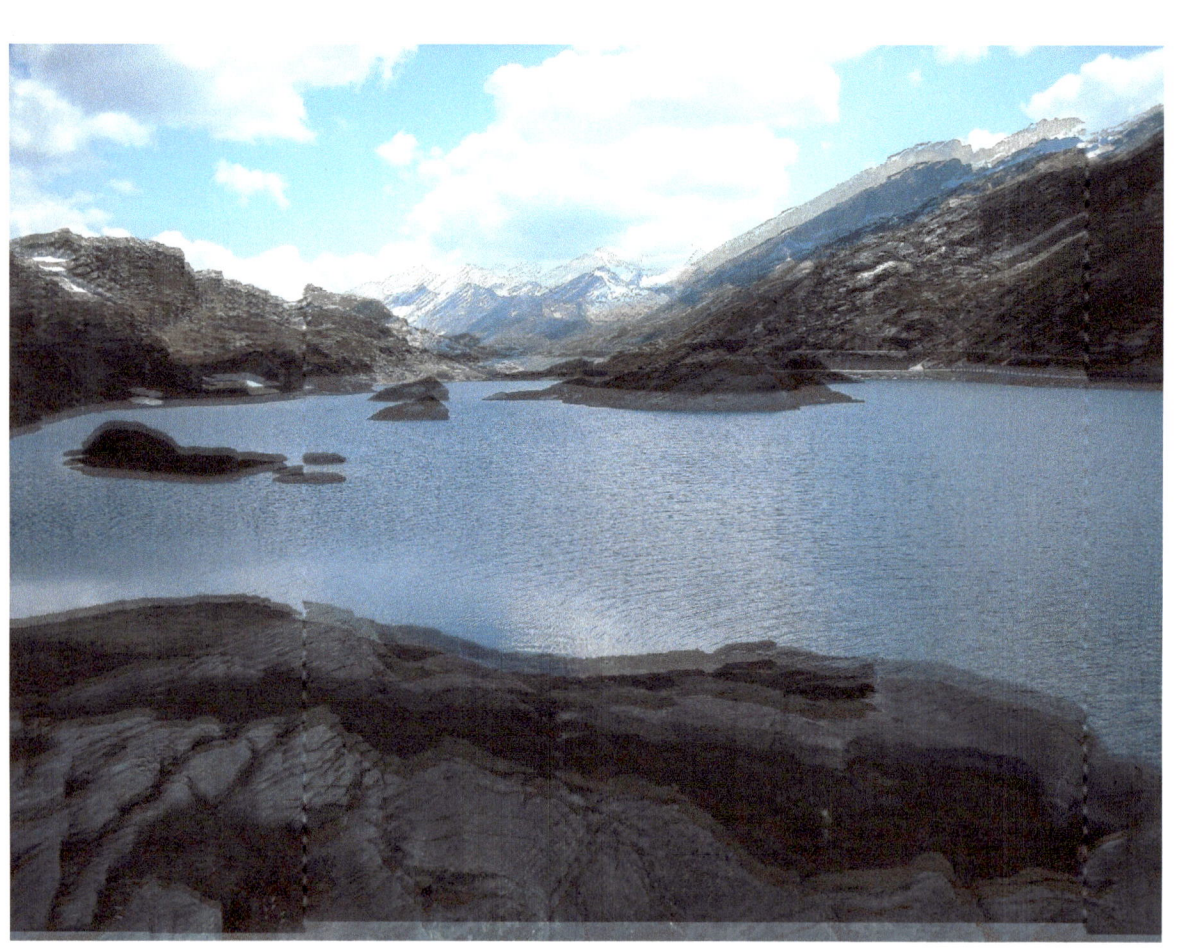

Giugno 2010 – San Bernardino

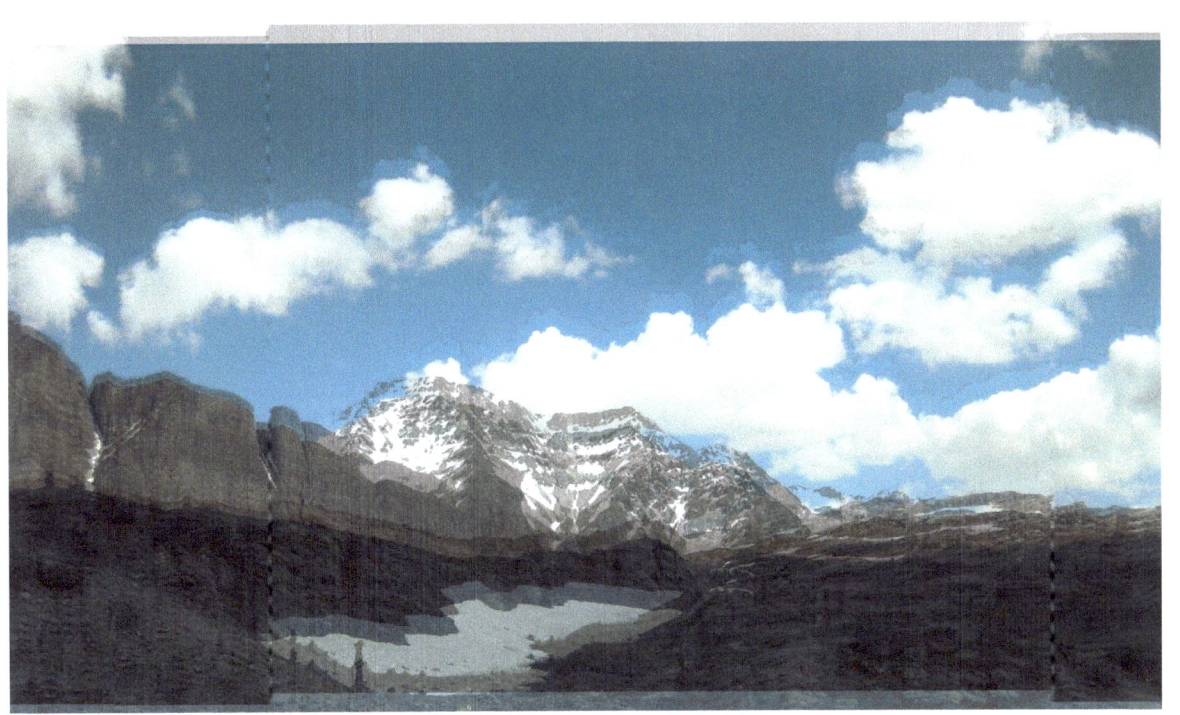

Giugno 2010 – San Bernardino

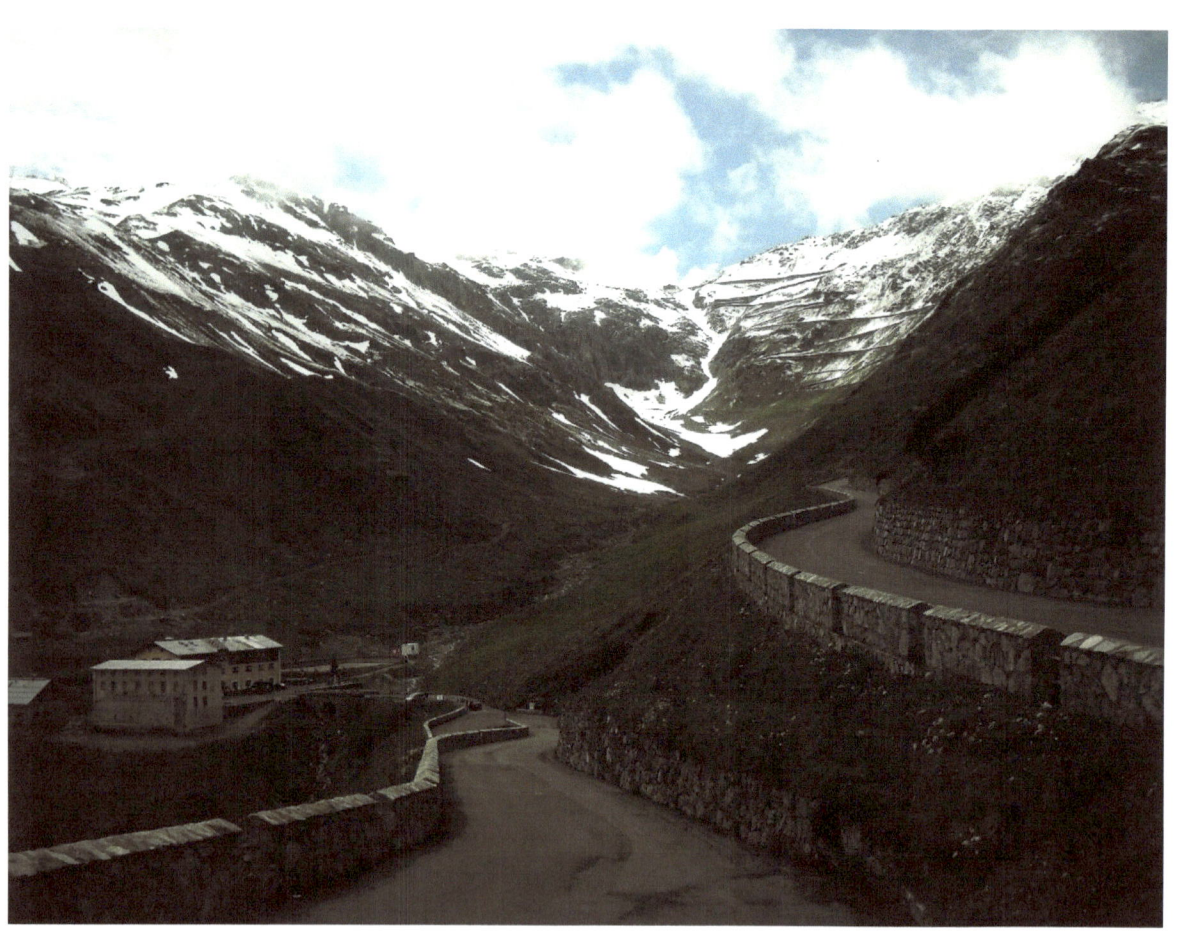

Giugno 2013 - Stelvio

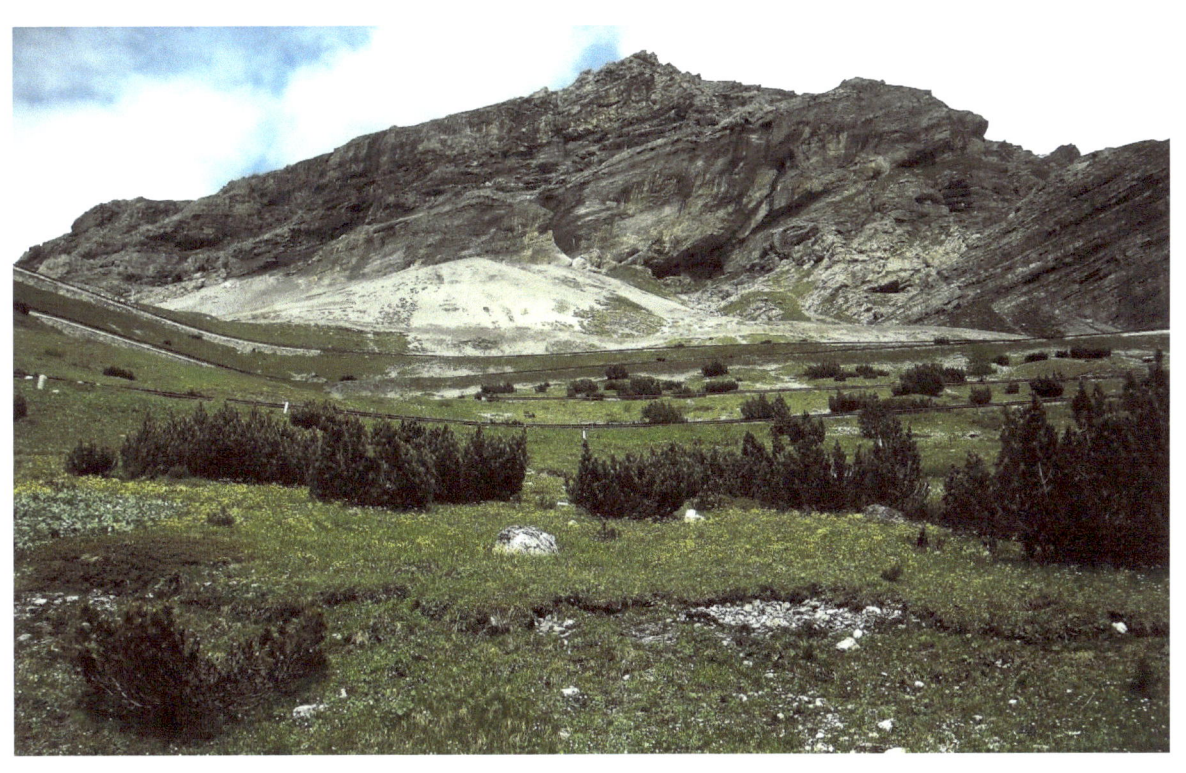

Giugno 2013 - Stelvio

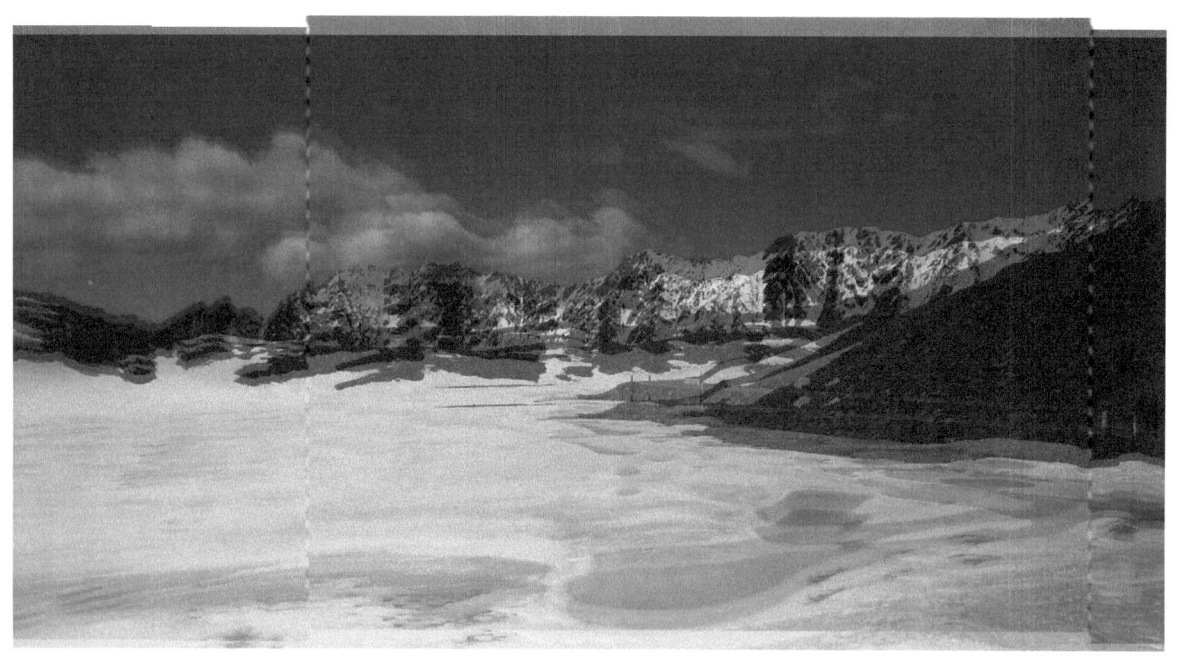

Giugno 2013 - Gavia

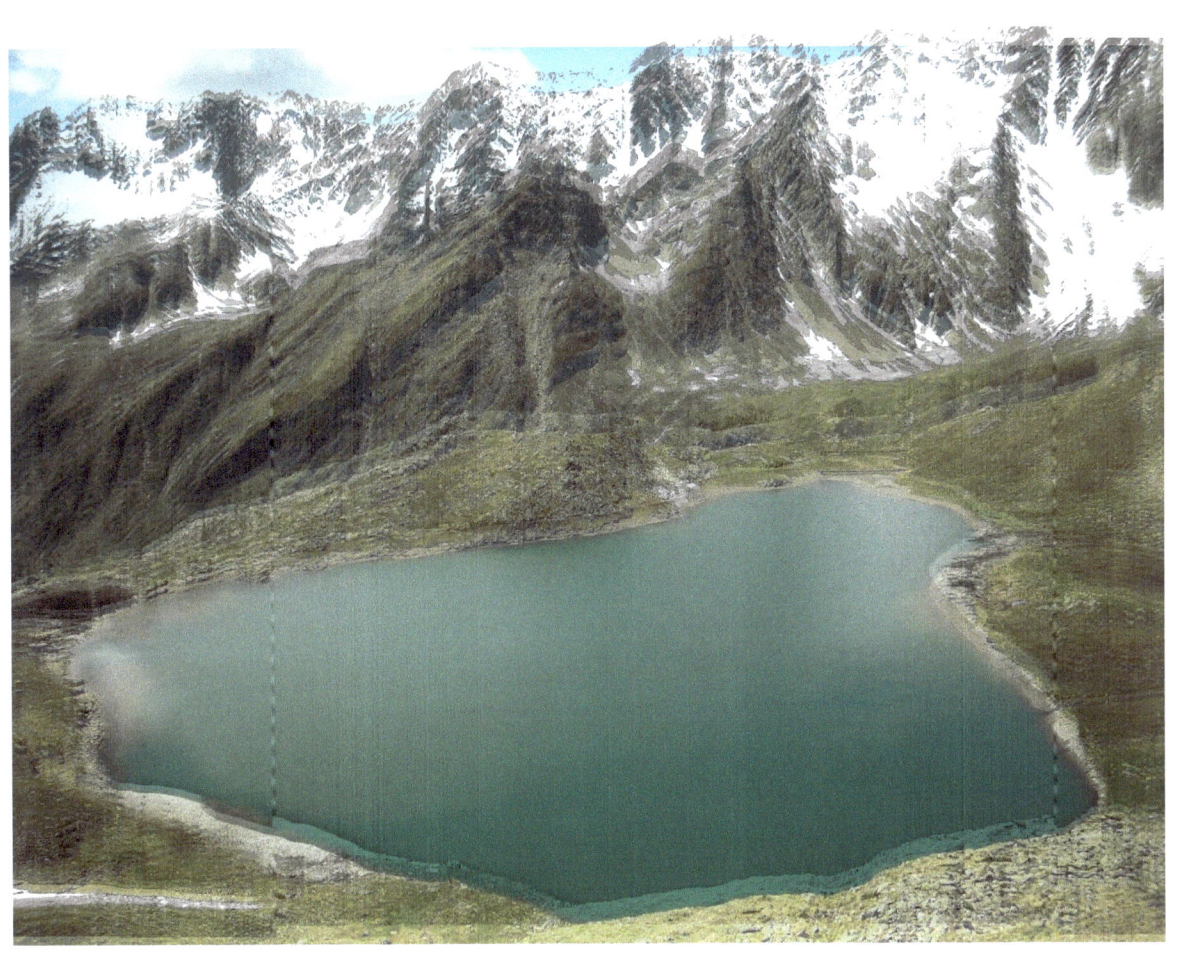

Giugno 2013 - Gavia

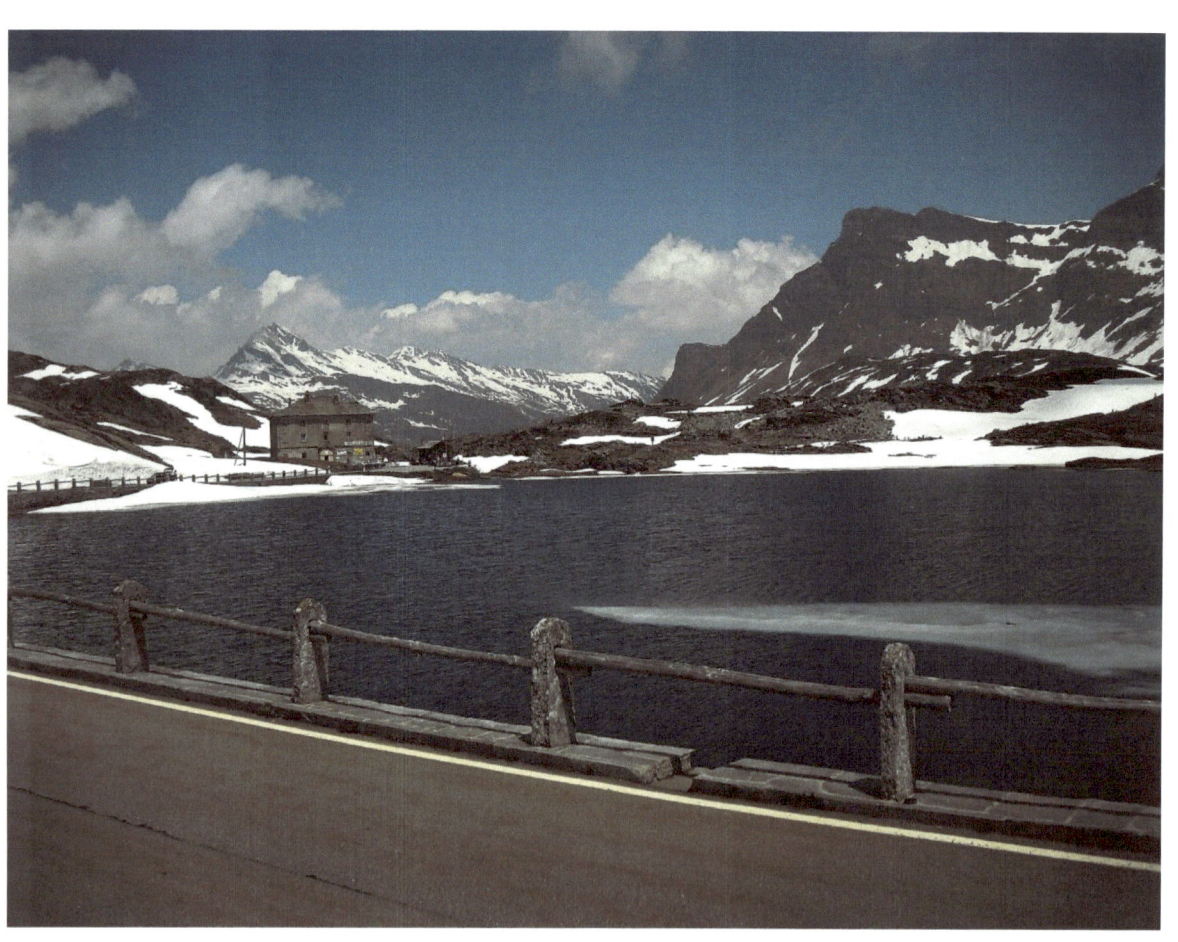

Giugno 2013 – San Bernardino

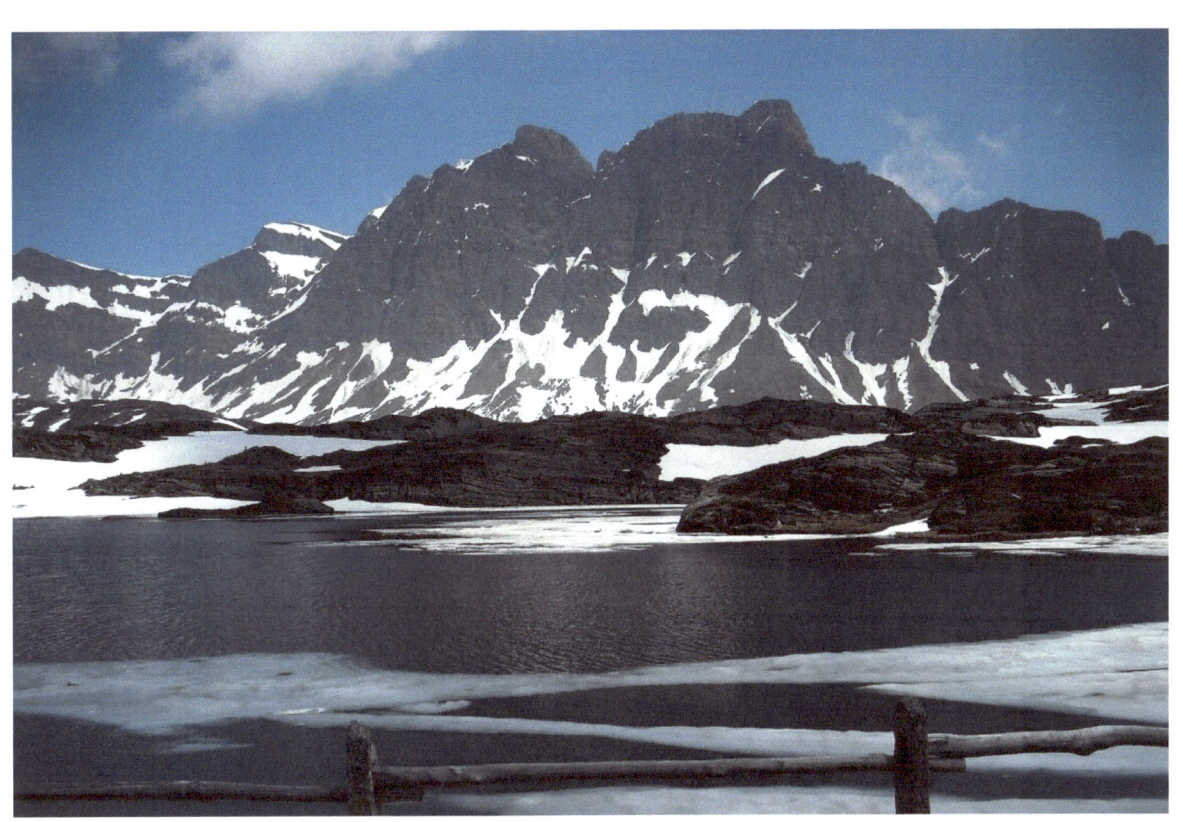

Giugno 2013 – San Bernardino

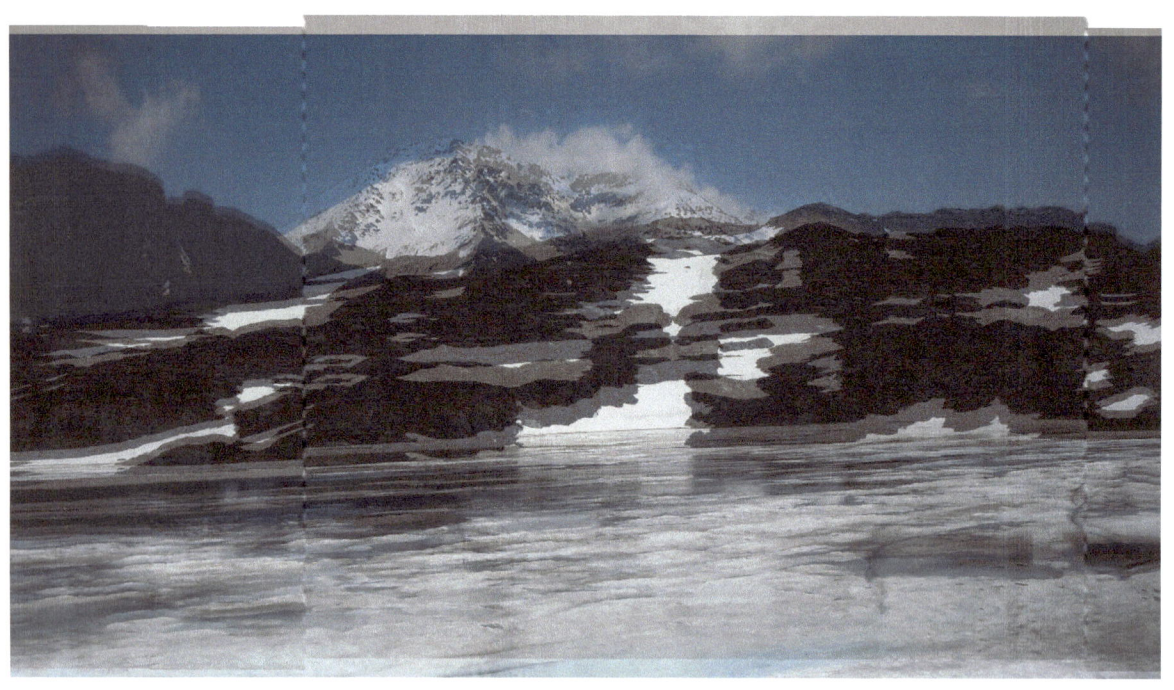

Giugno 2013 – San Bernardino

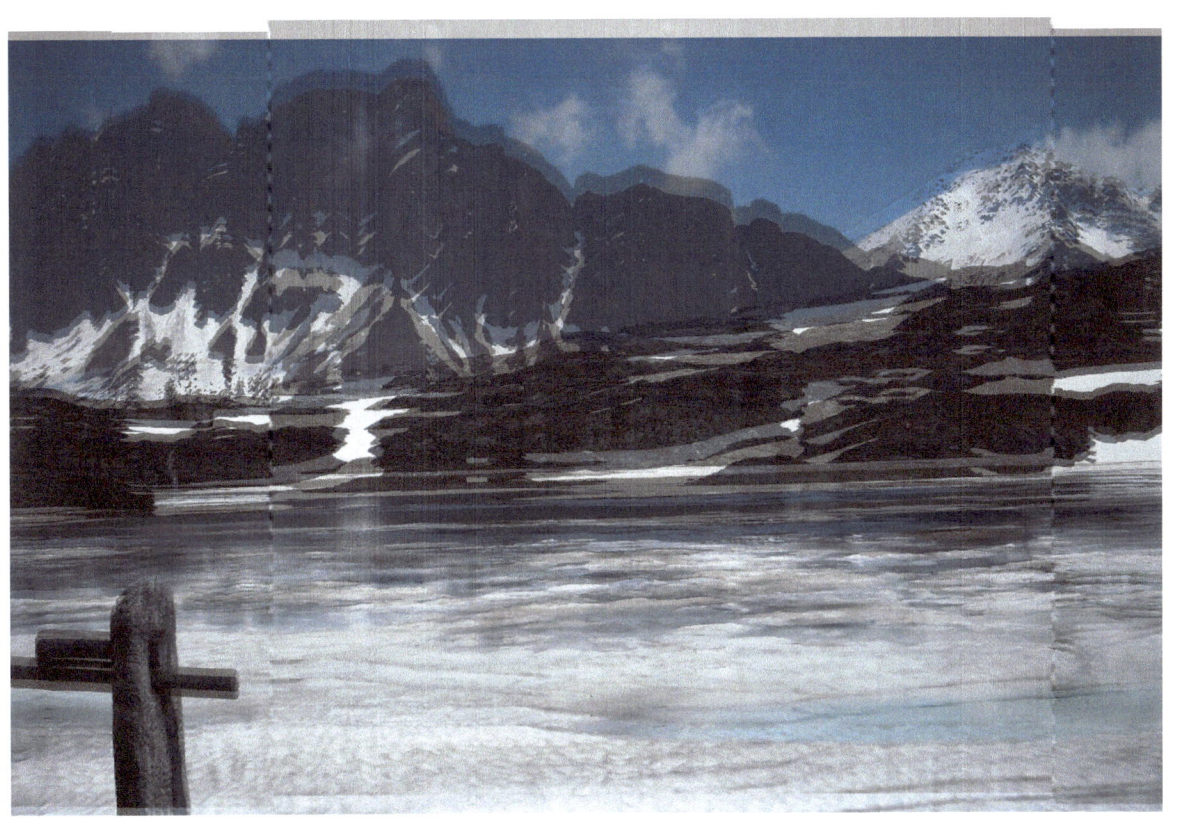

Giugno 2013 – San Bernardino

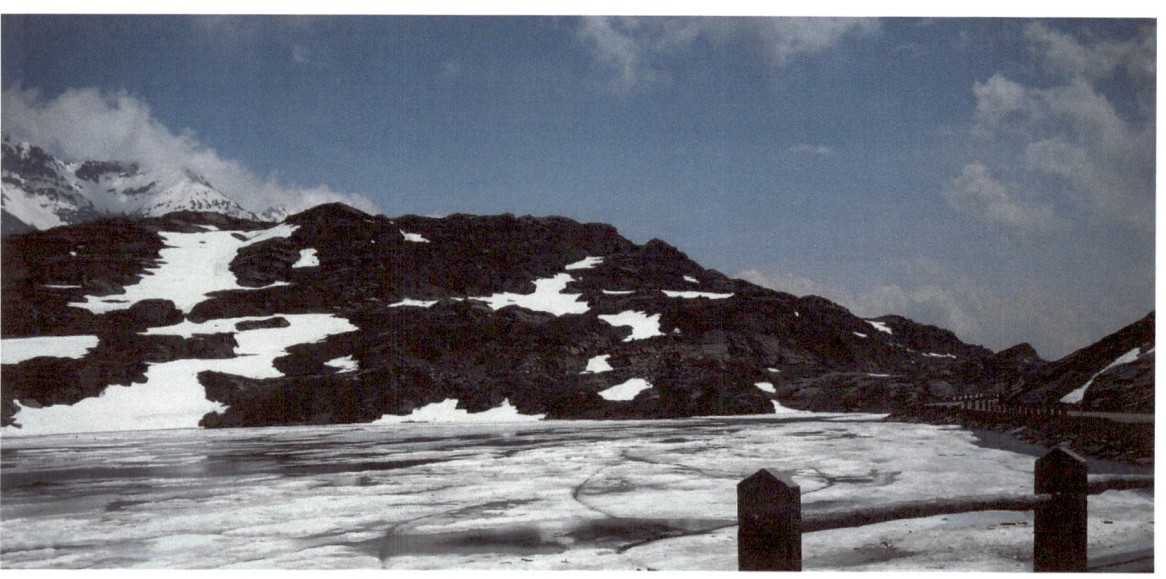

Giugno 2013 – San Bernardino

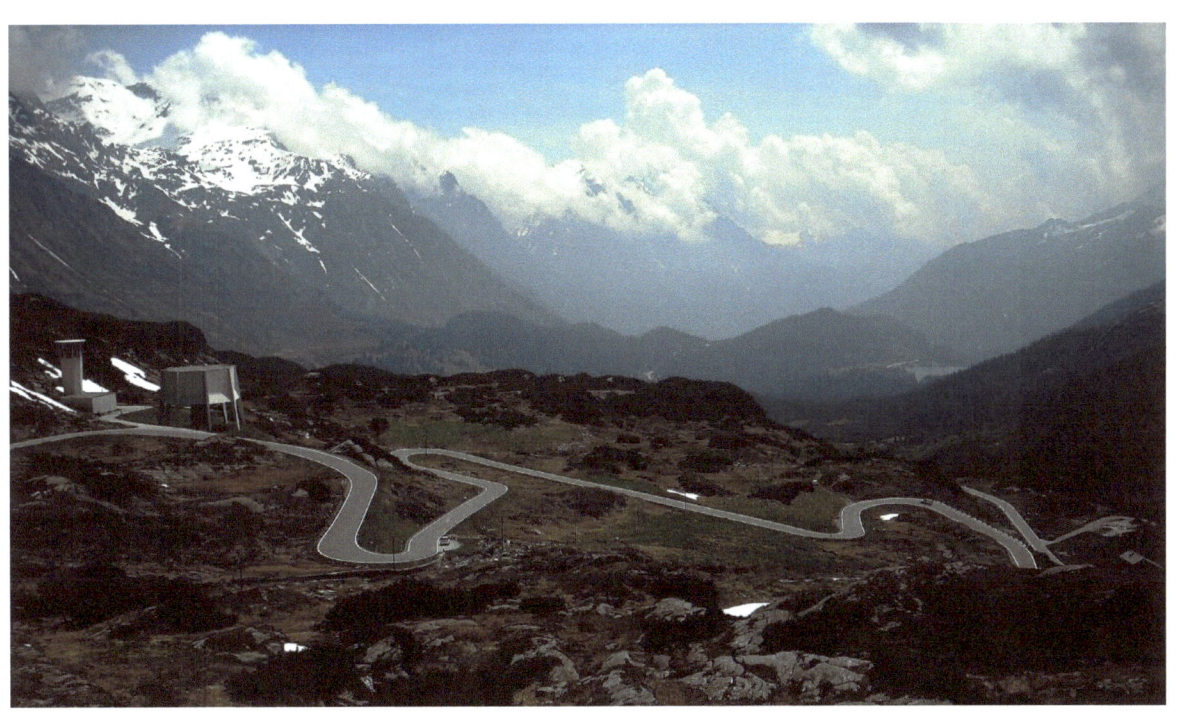

Giugno 2013 – San Bernardino

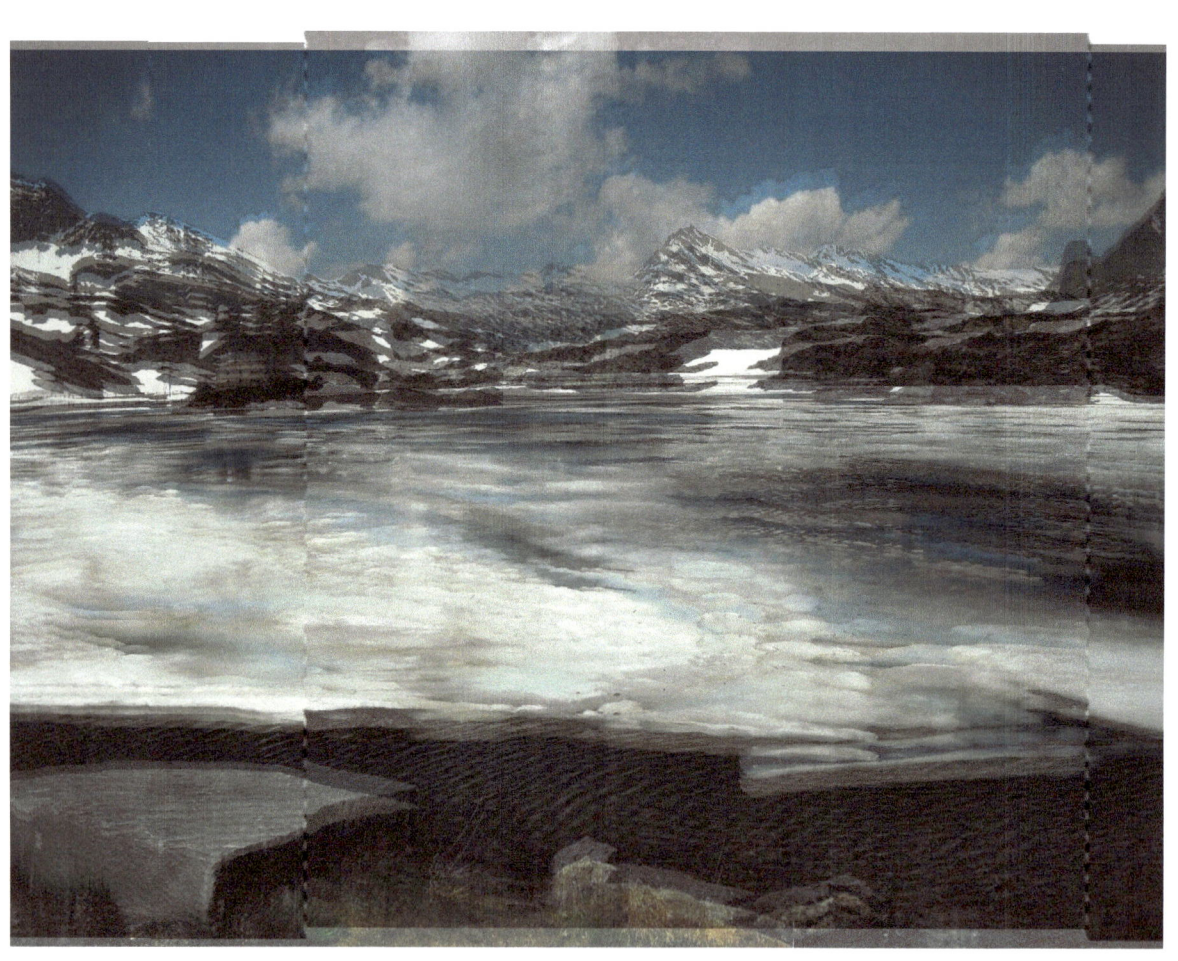

Giugno 2013 – San Bernardino

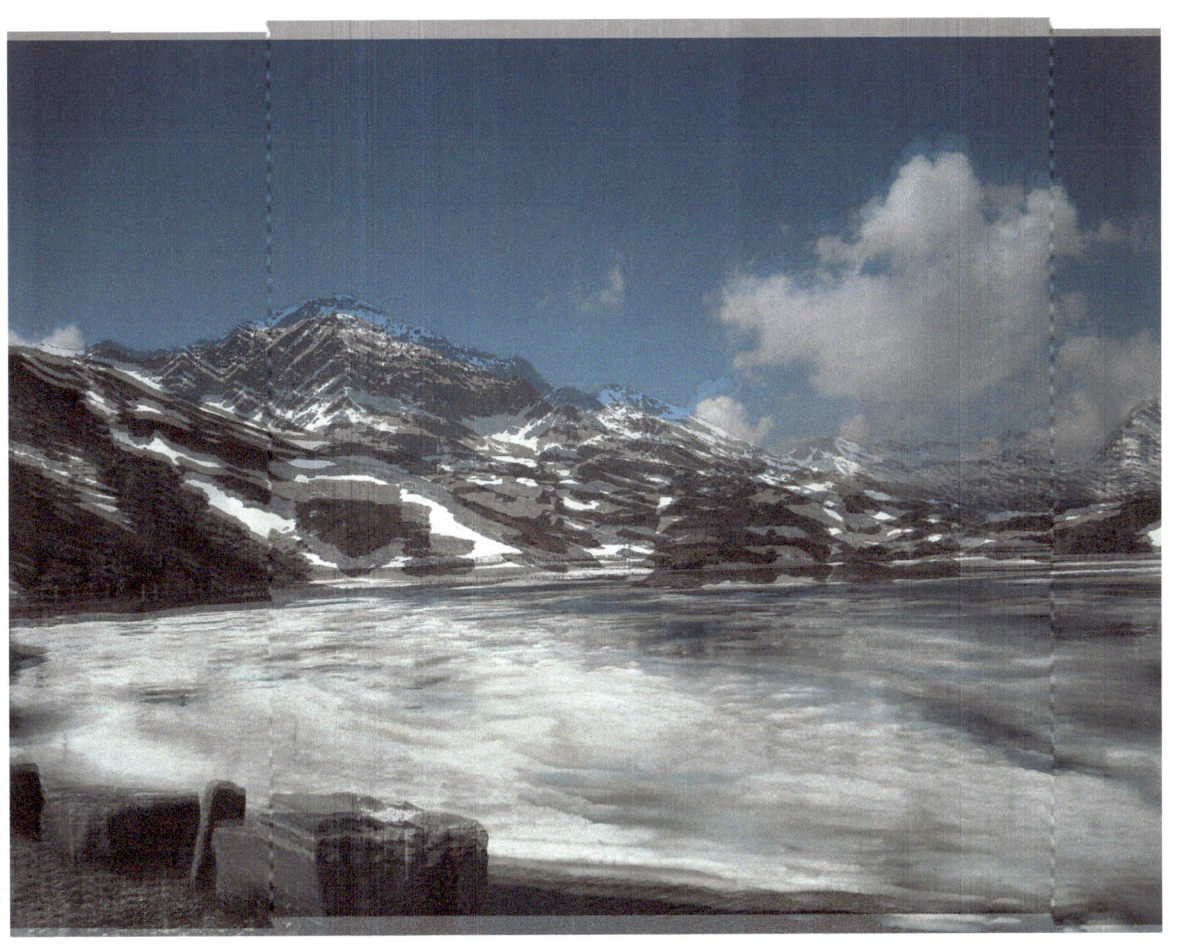

Giugno 2013 – San Bernardino

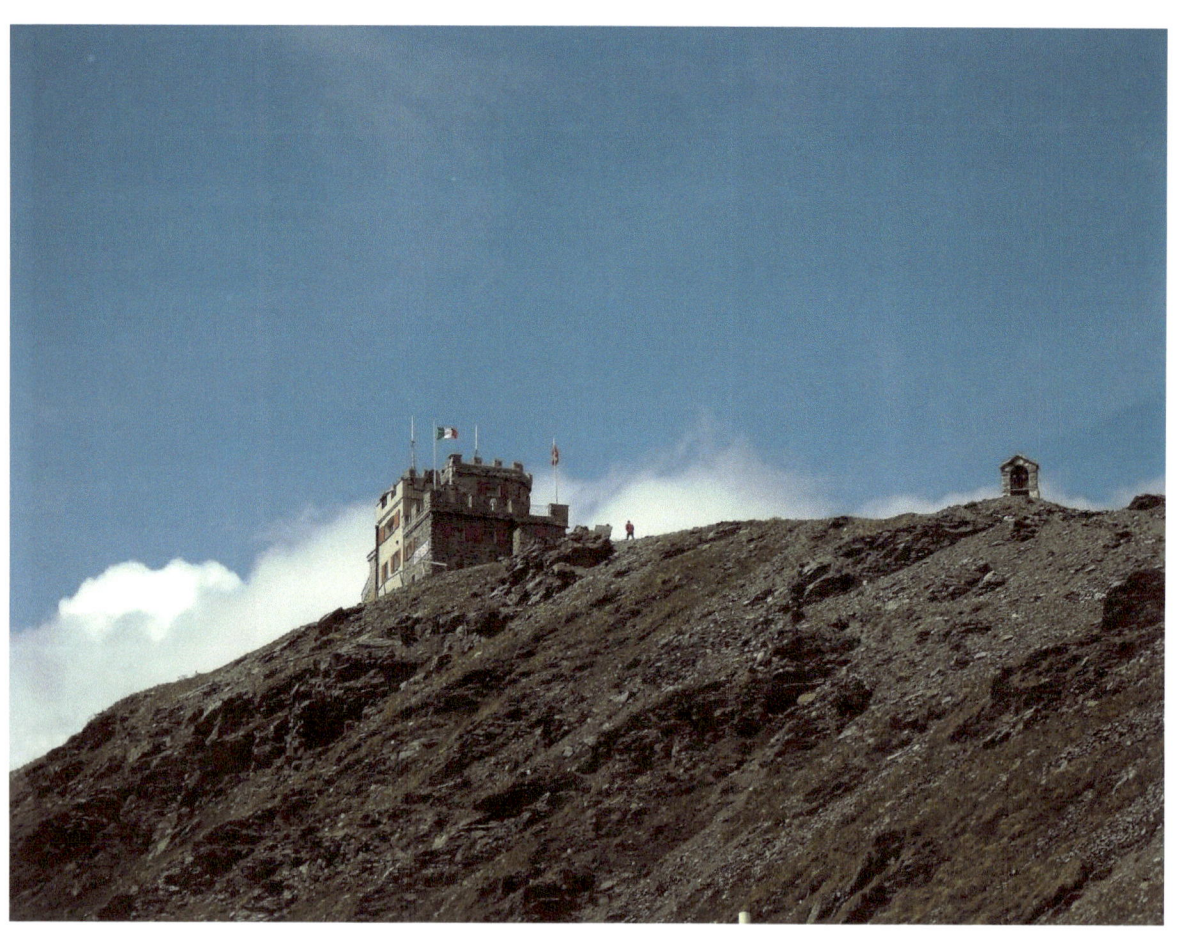

Giugno 2014 - Stelvio

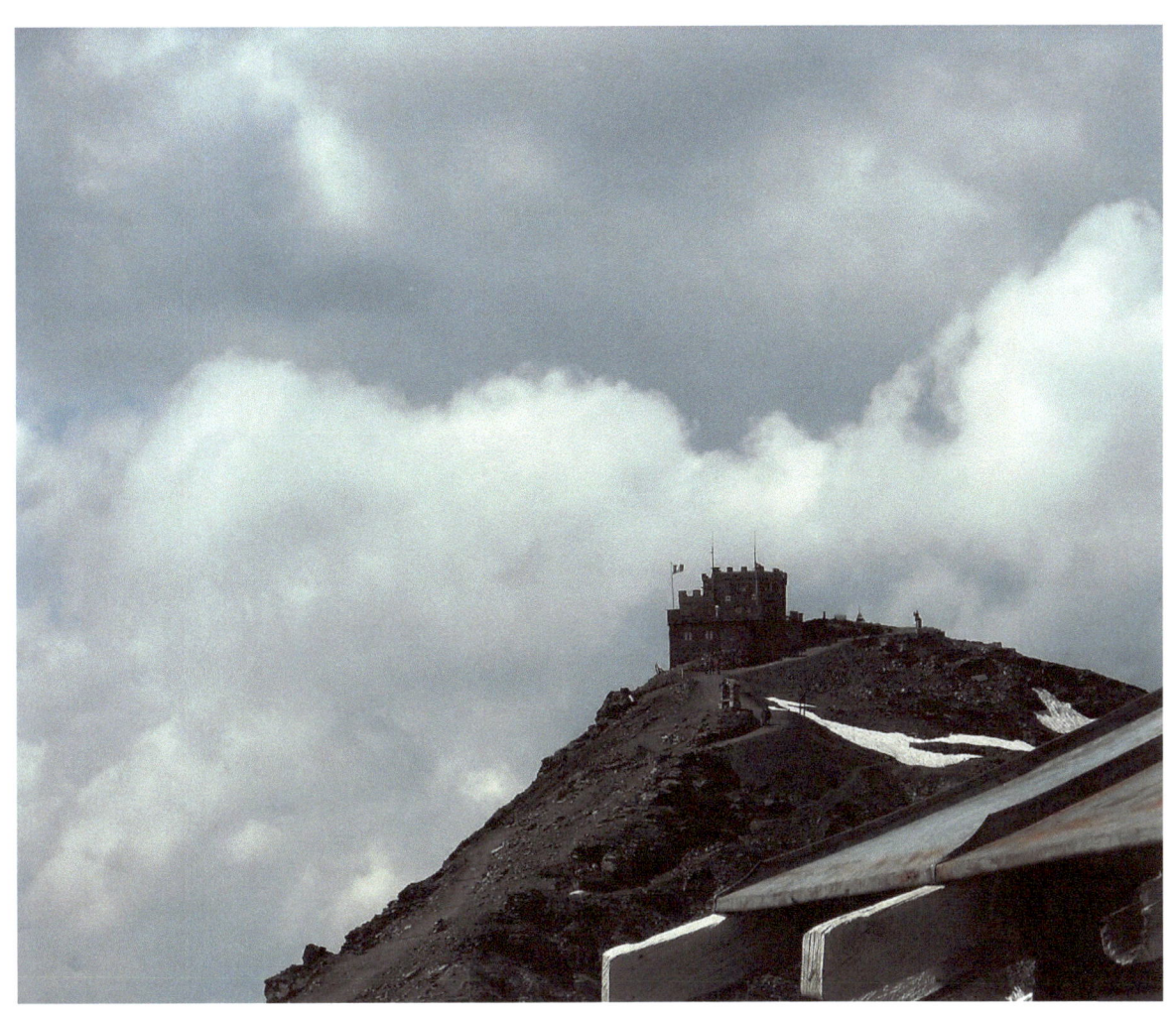

Giugno 2014 - Stelvio

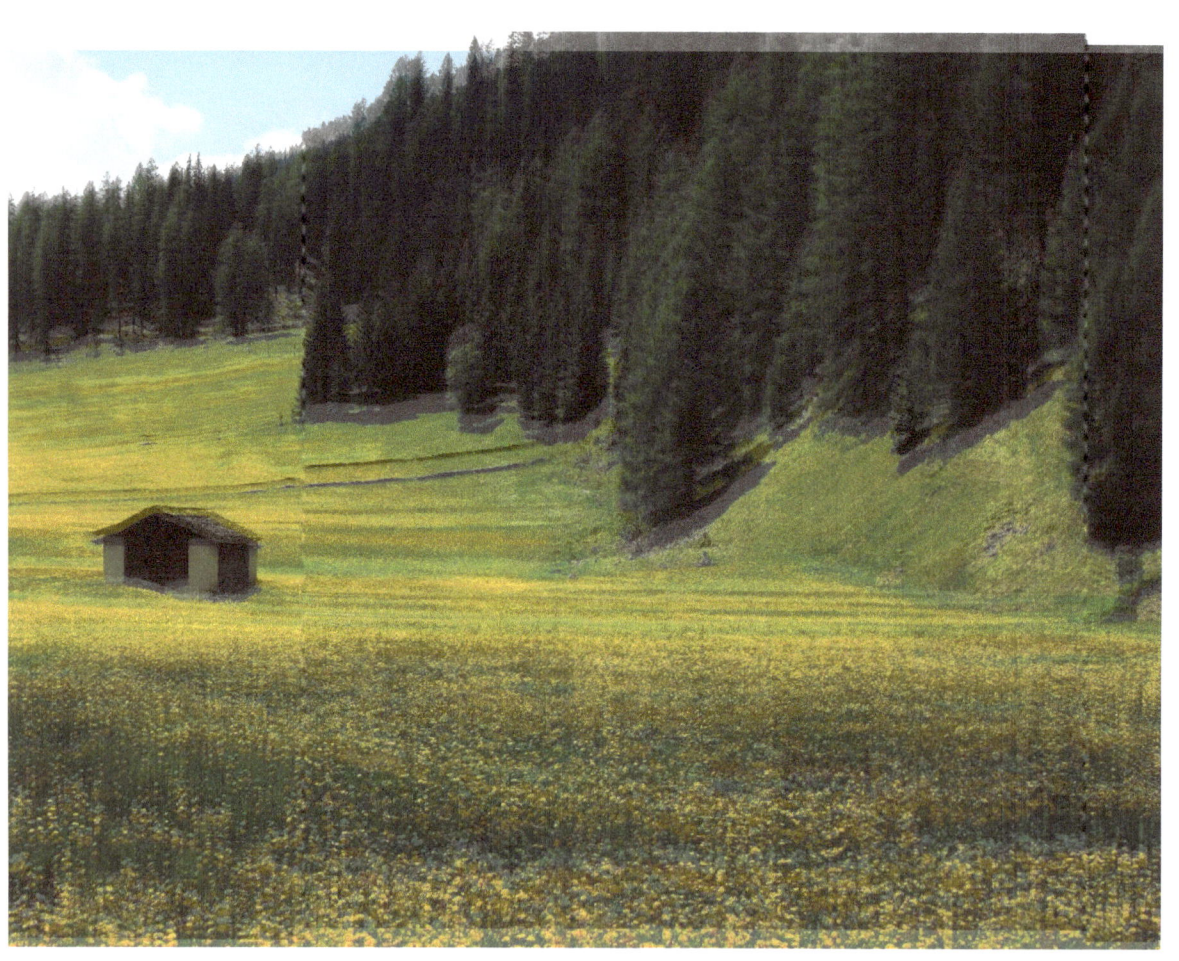

Giugno 2017 - Splugen

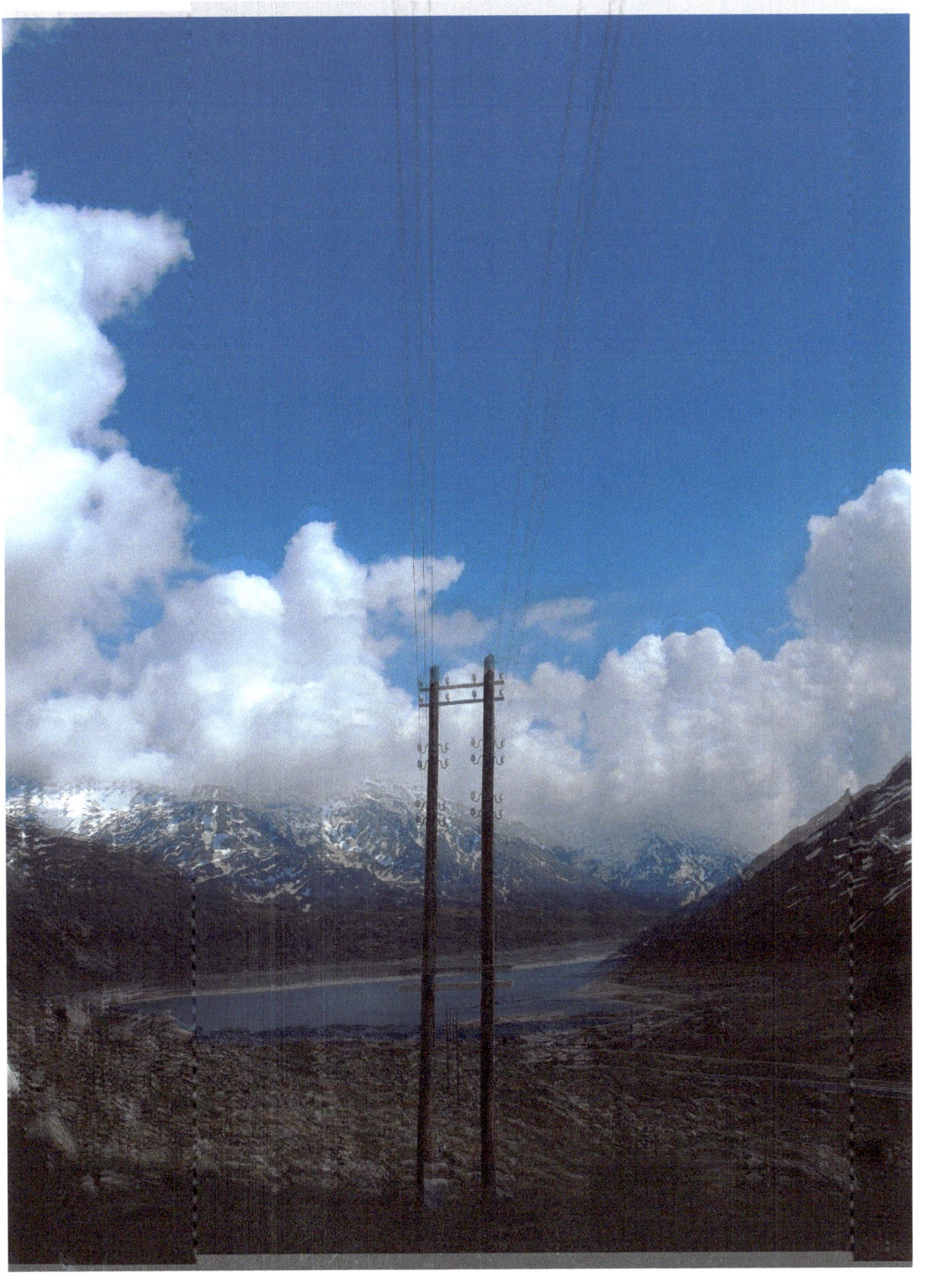

Giugno 2017 - Spluga

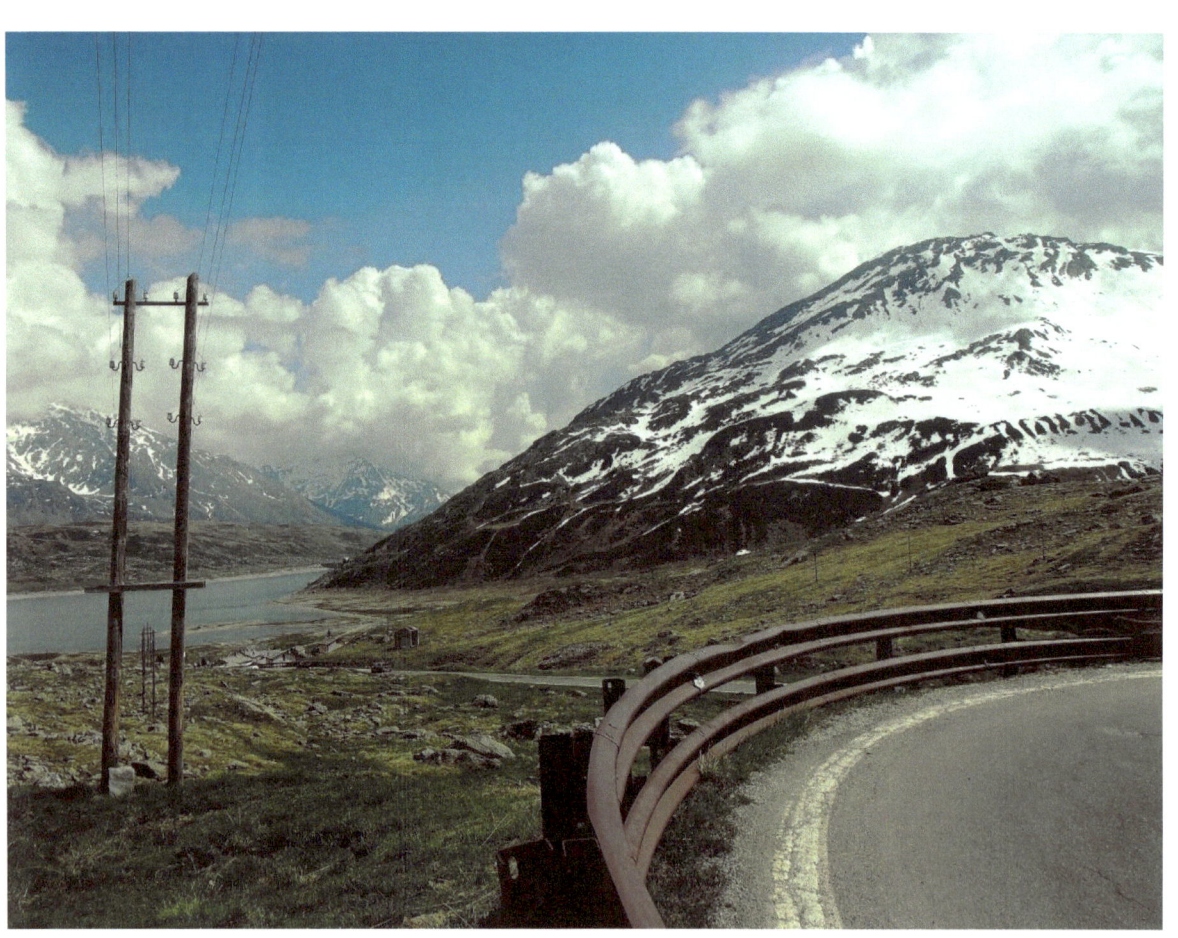

Giugno 2017 - Spluga

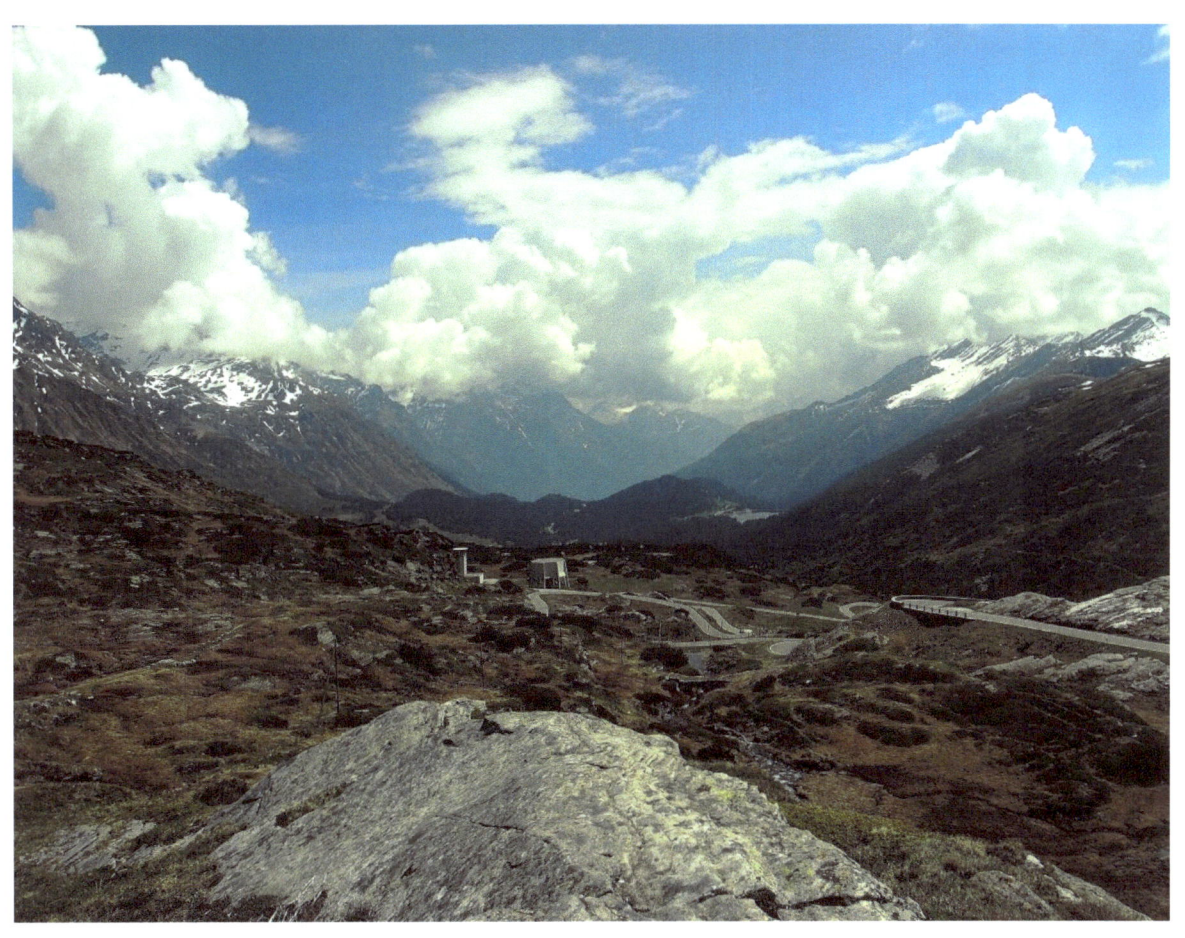

Giugno 2017 – San Bernardino

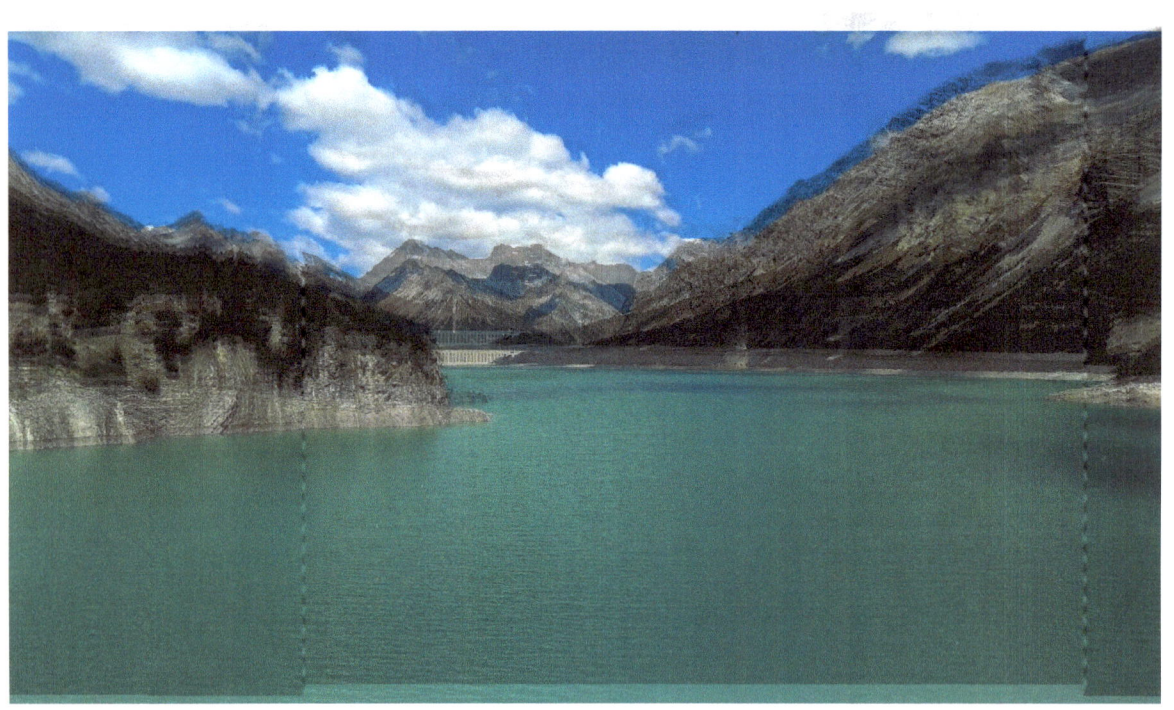

Giugno 2018 – Lago di Cancano

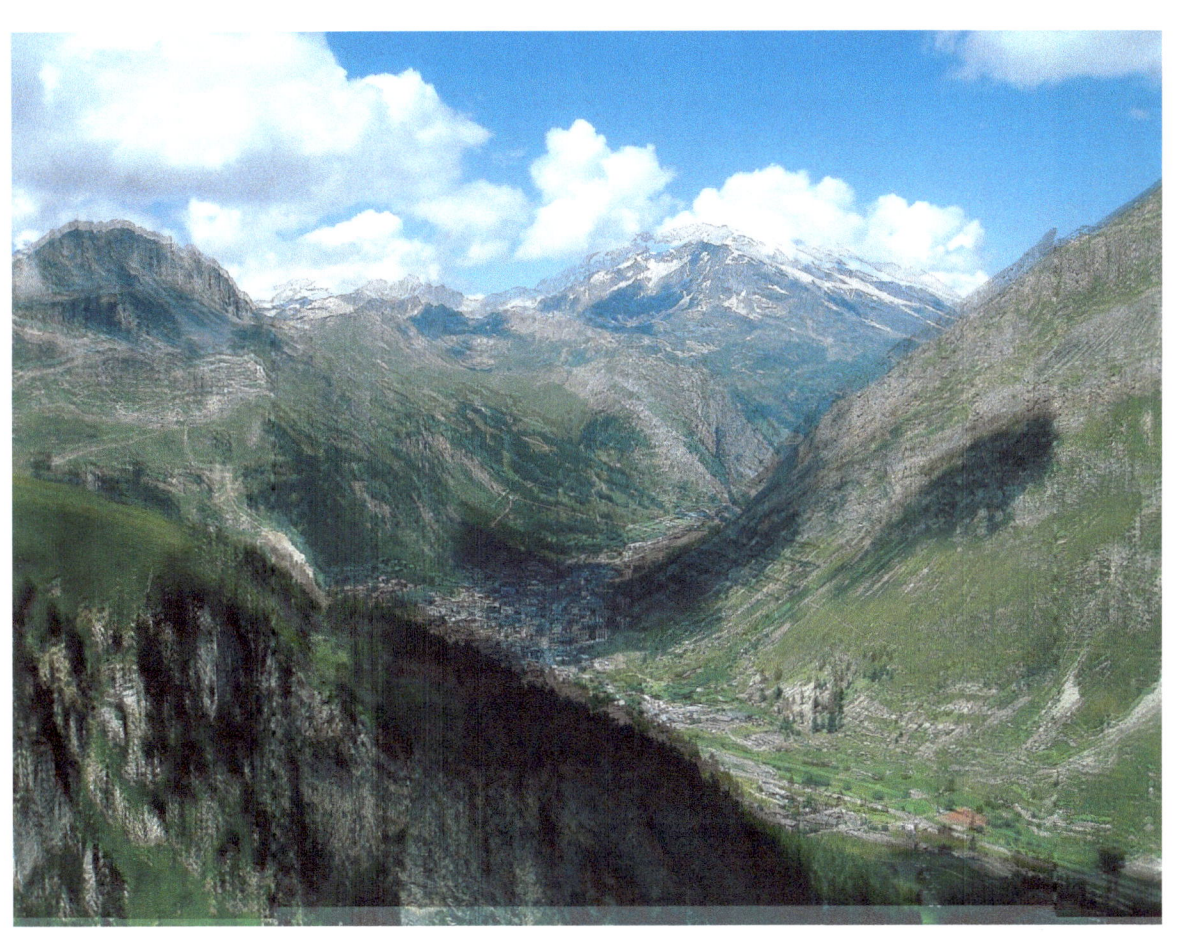

Luglio 2008 - Tignes

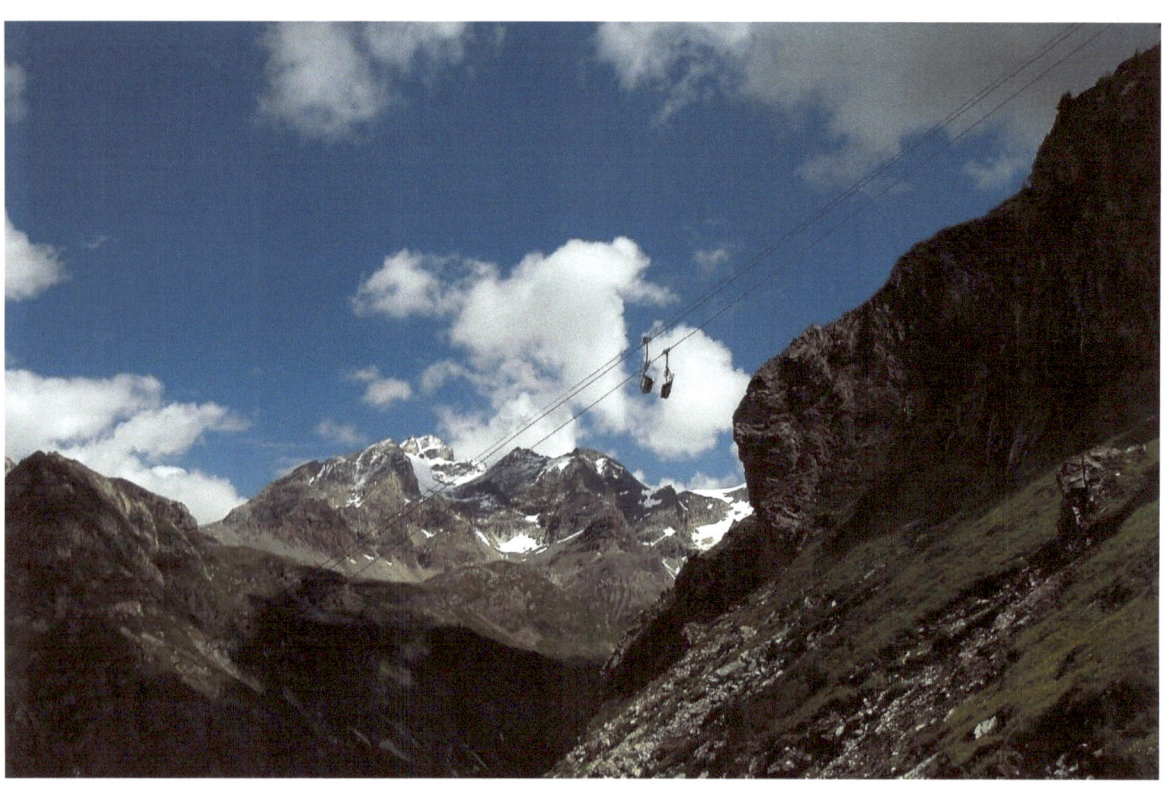

Luglio 2008 - Tignes

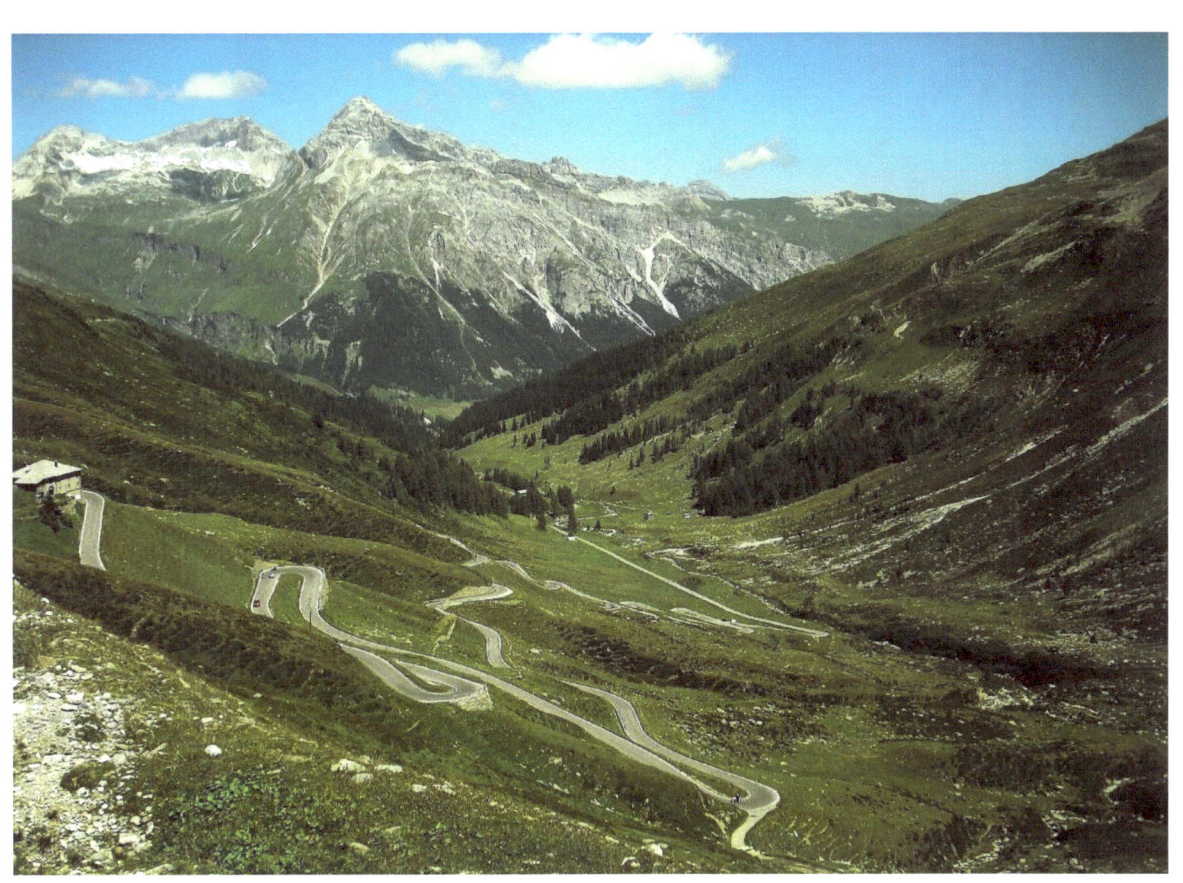

Luglio 2009 - Spluga

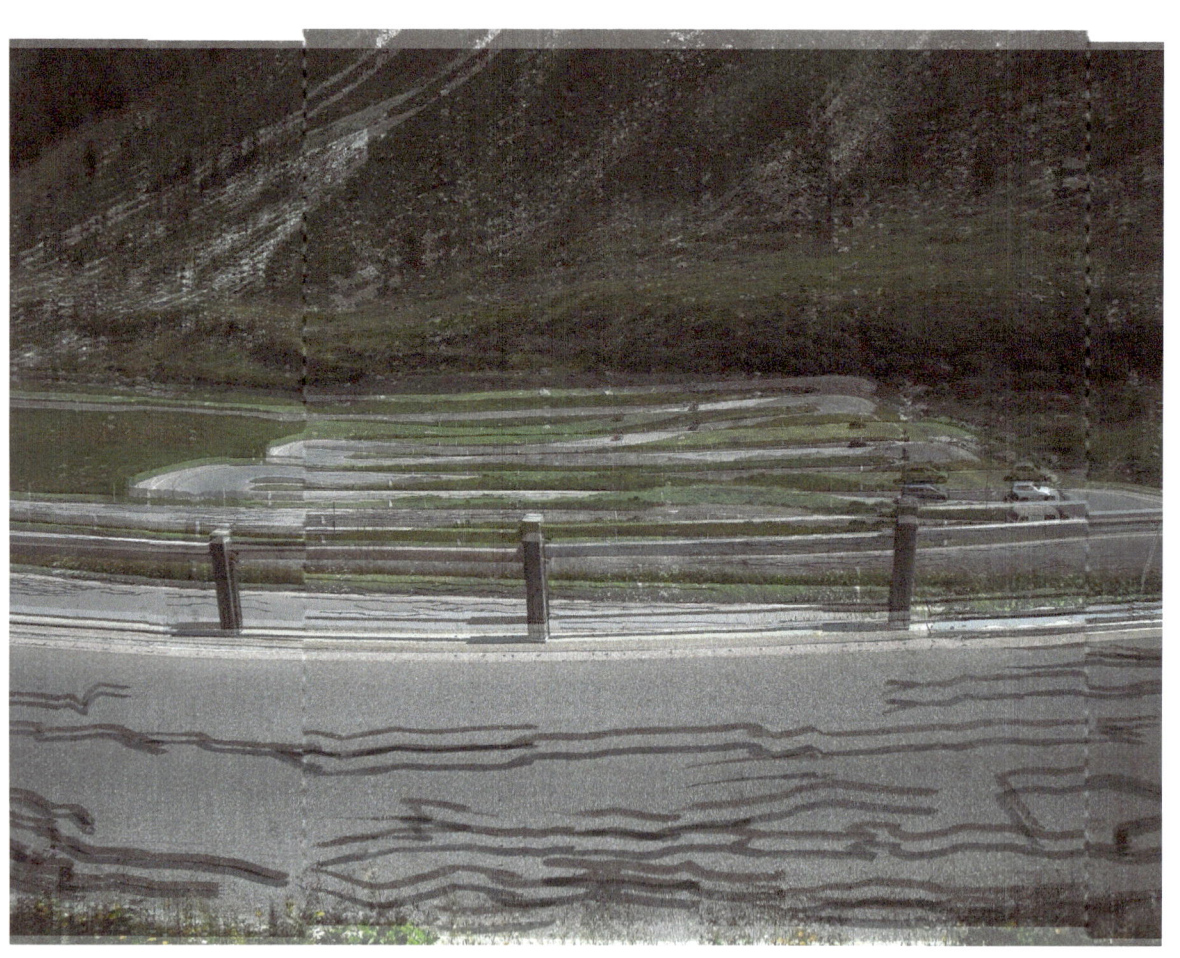

Luglio 2009 - Spluga

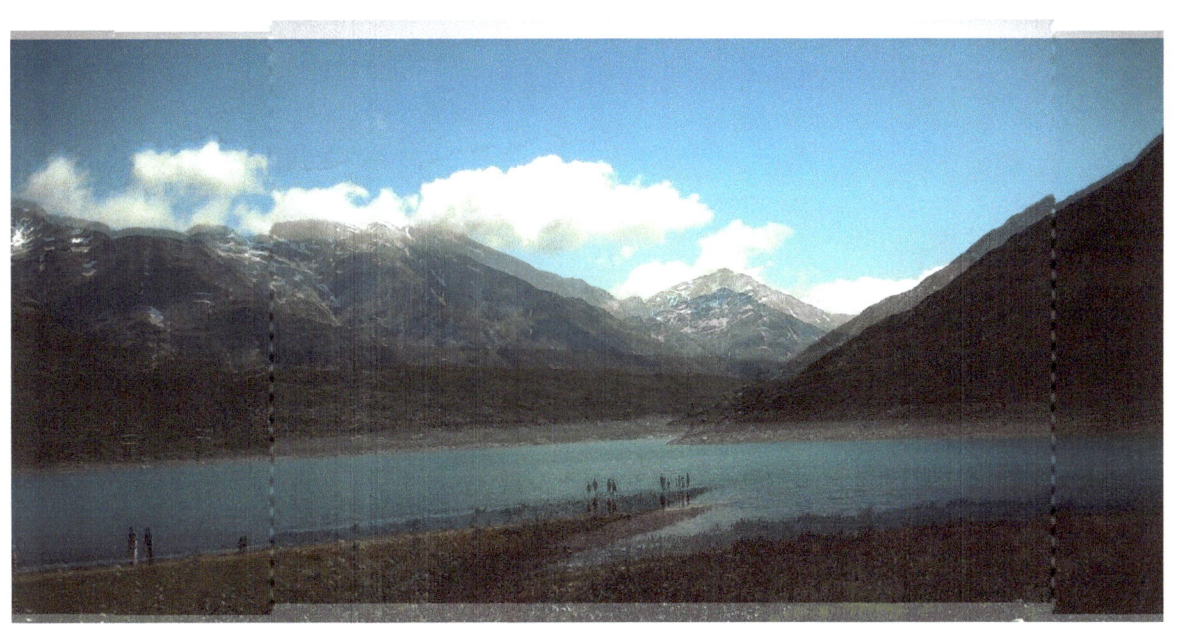

Luglio 2009 – Lago di Montespluga

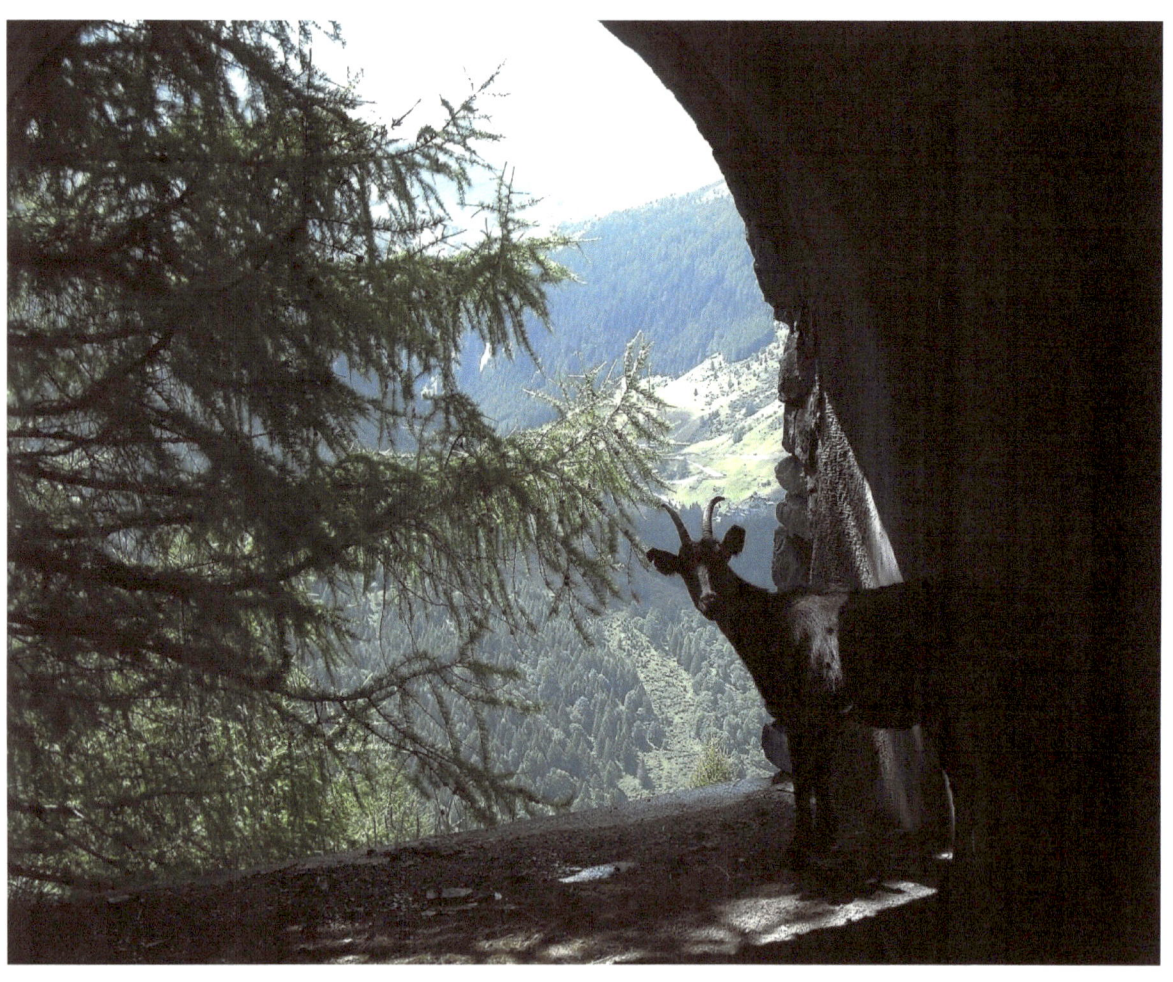

Luglio 2009 - Pianazzo

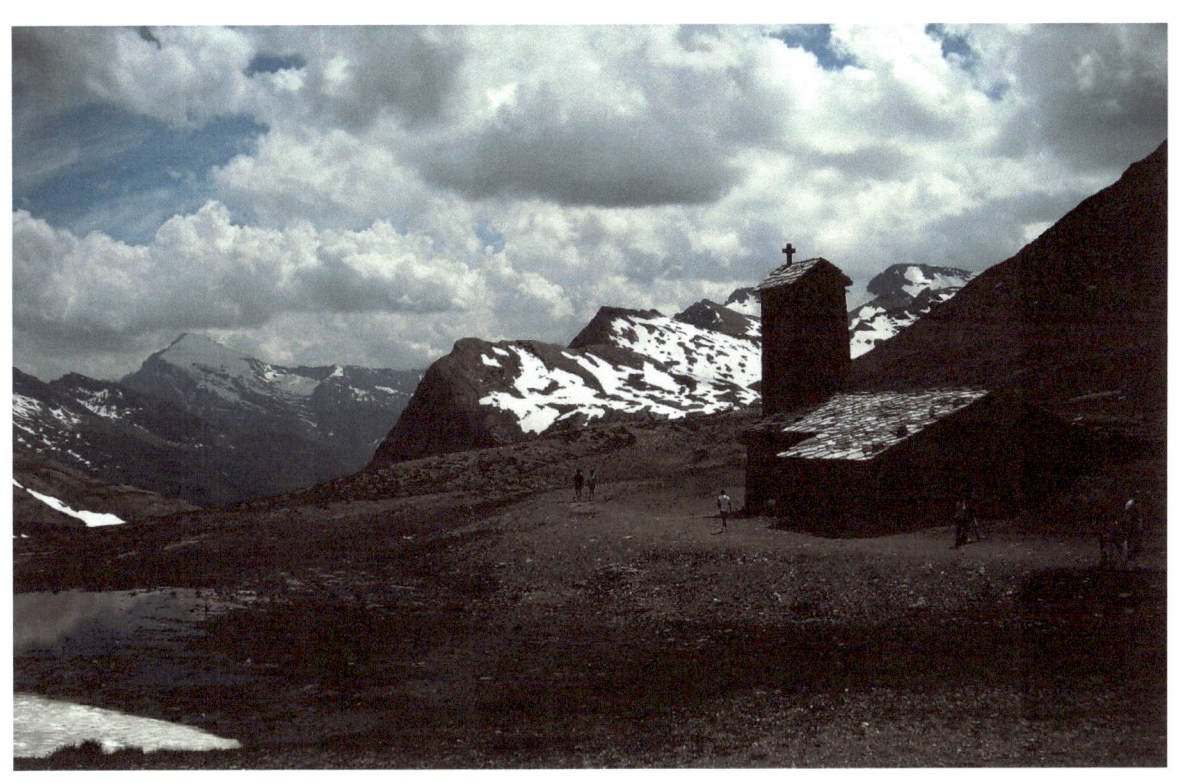

Luglio 2010 - Iseran

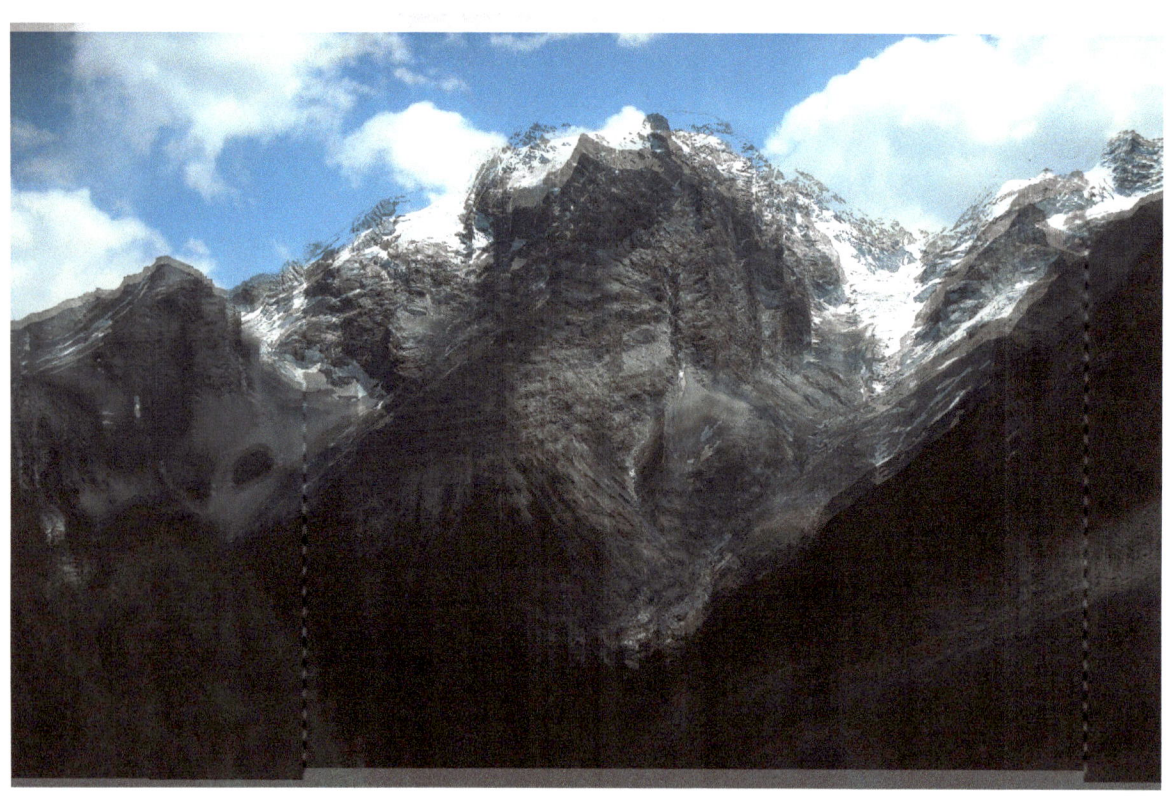

Luglio 2011 - Stelvio

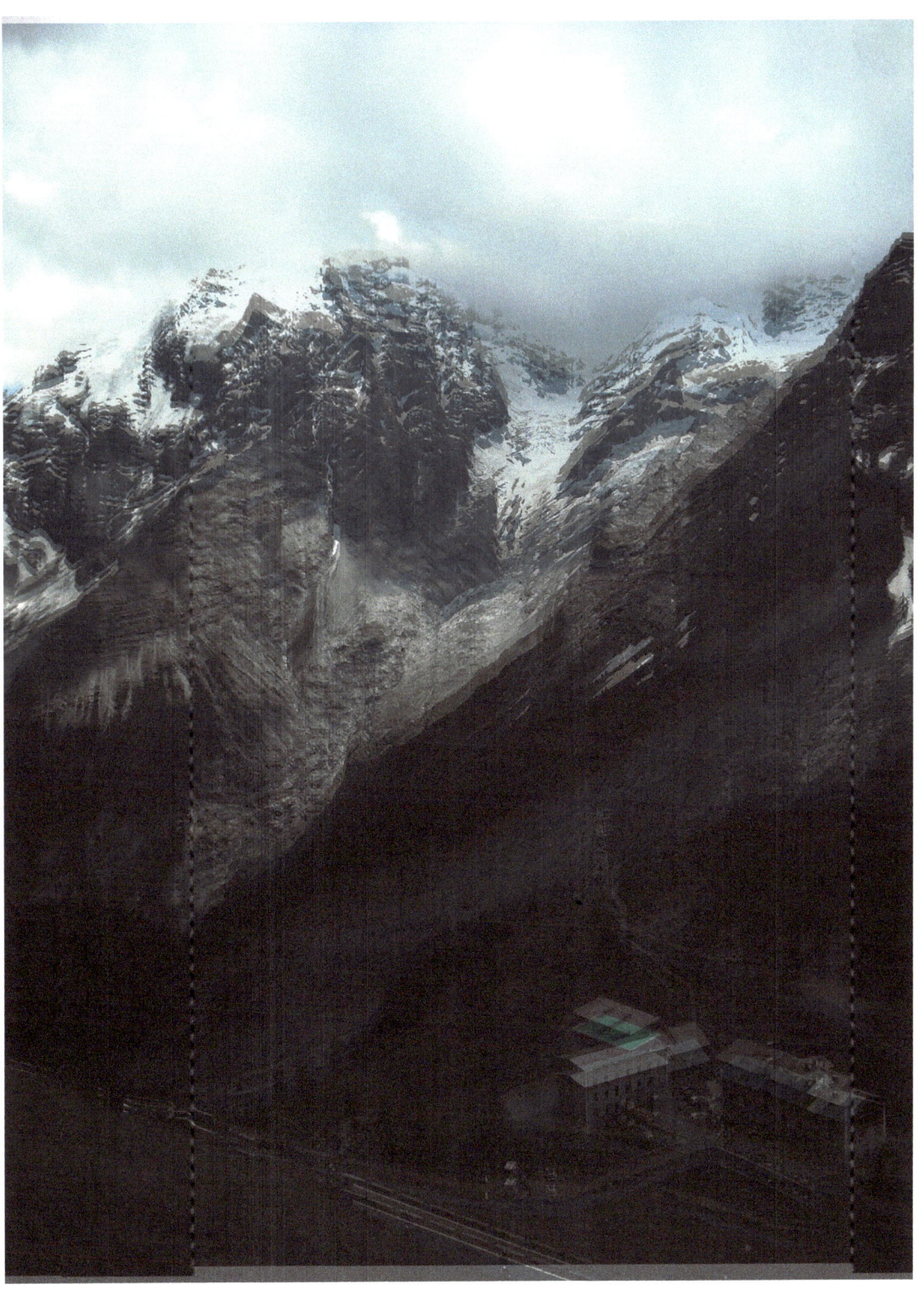

Luglio 2016 - Stelvio

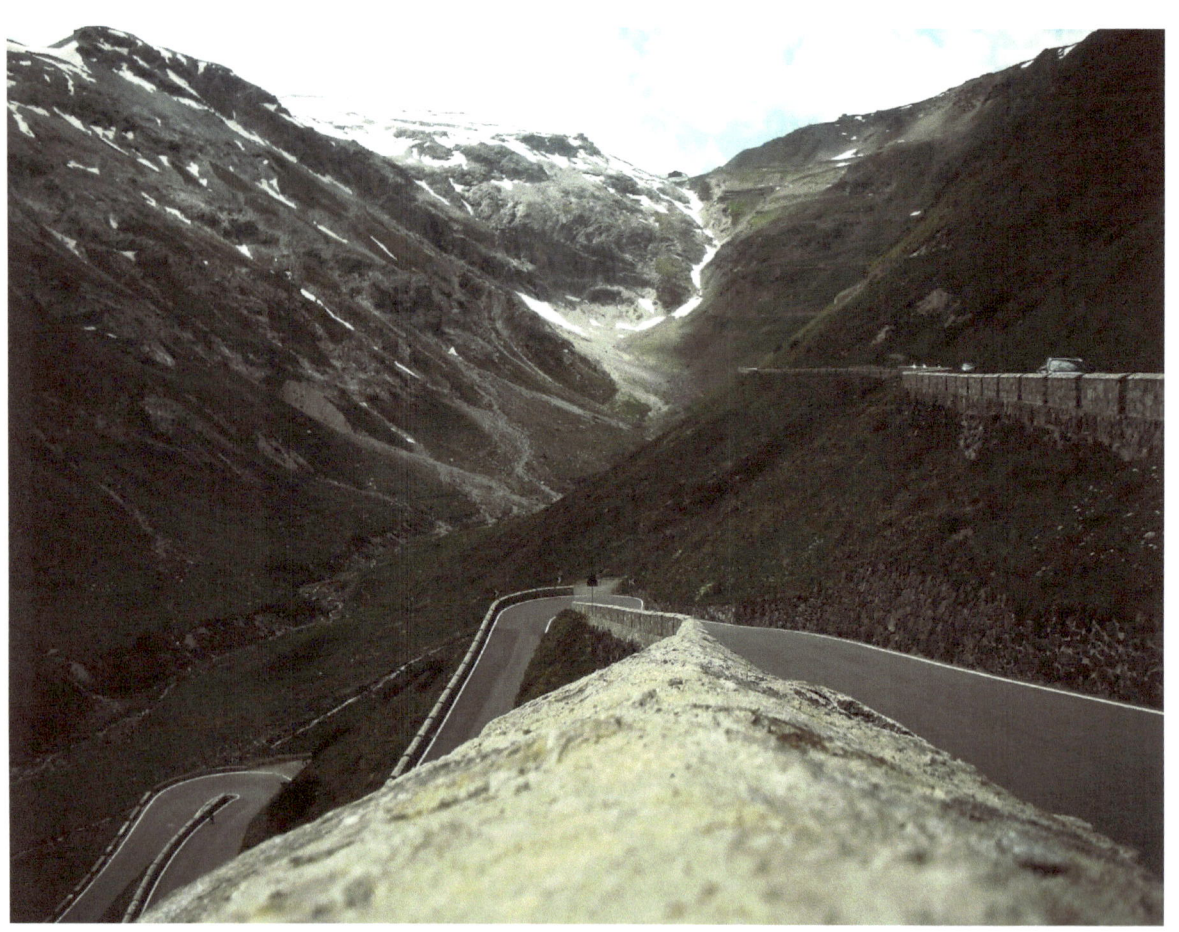

Luglio 2016 - Stelvio

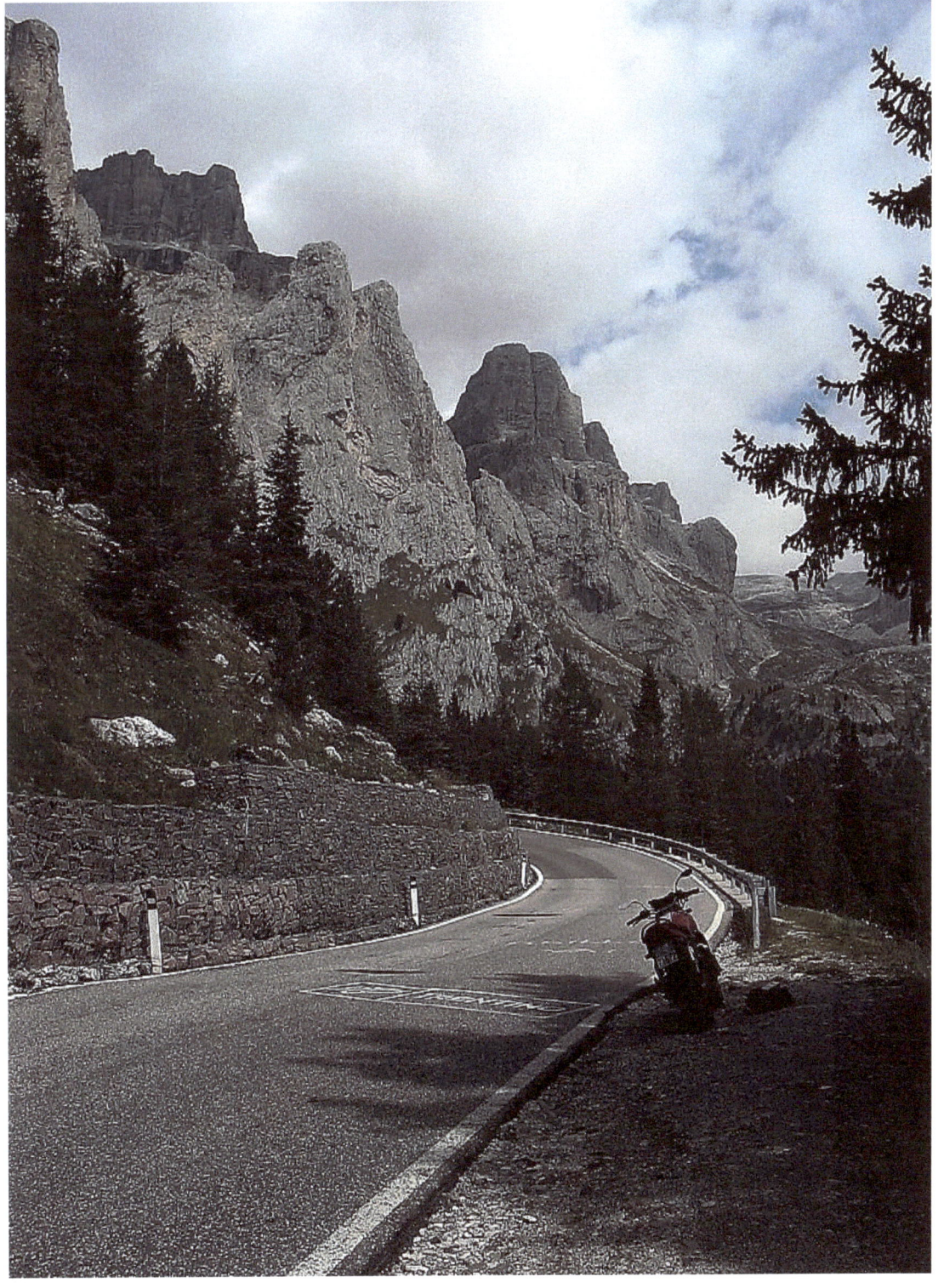

Agosto 2005 - Sella

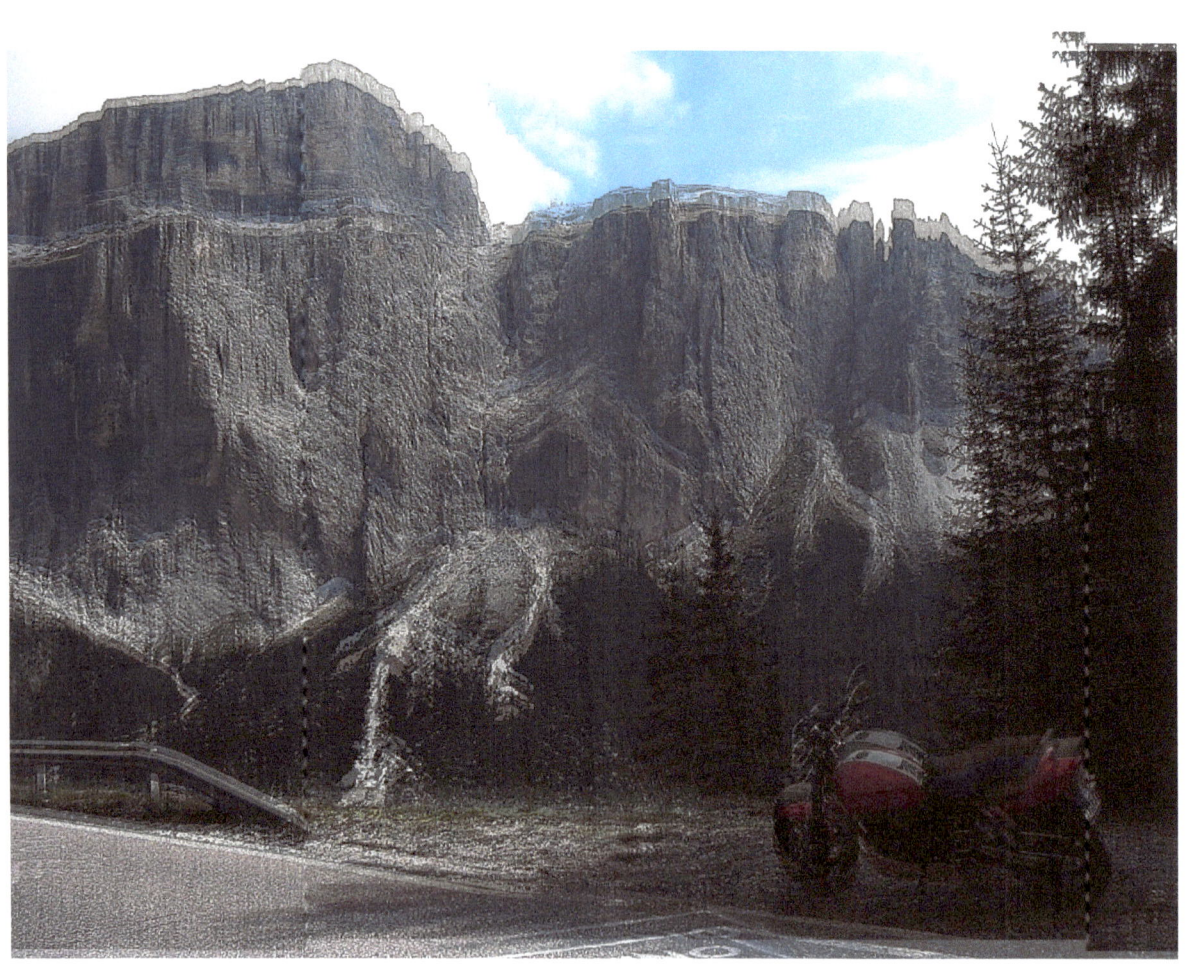

Agosto 2005 - Sella

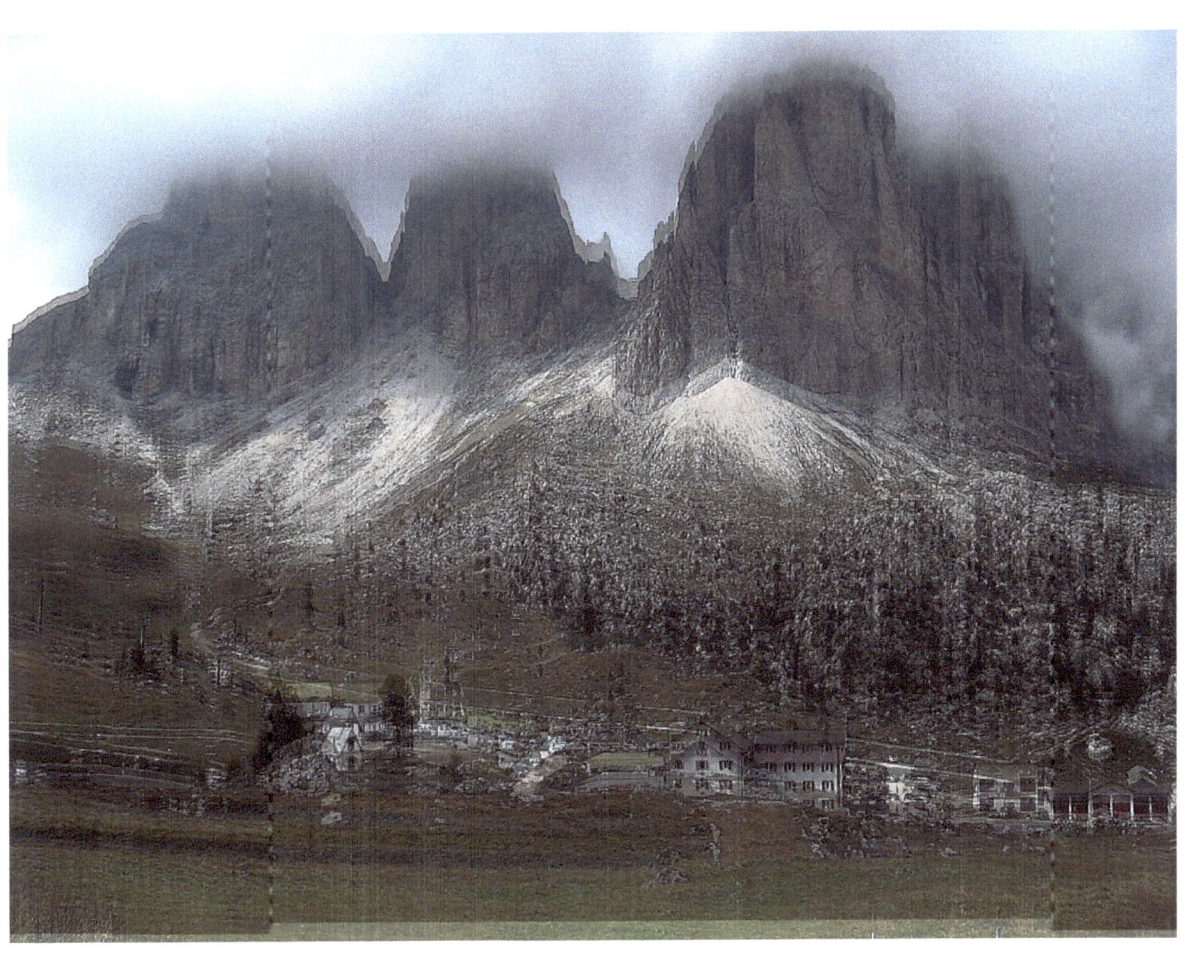

Agosto 2005 - Sella

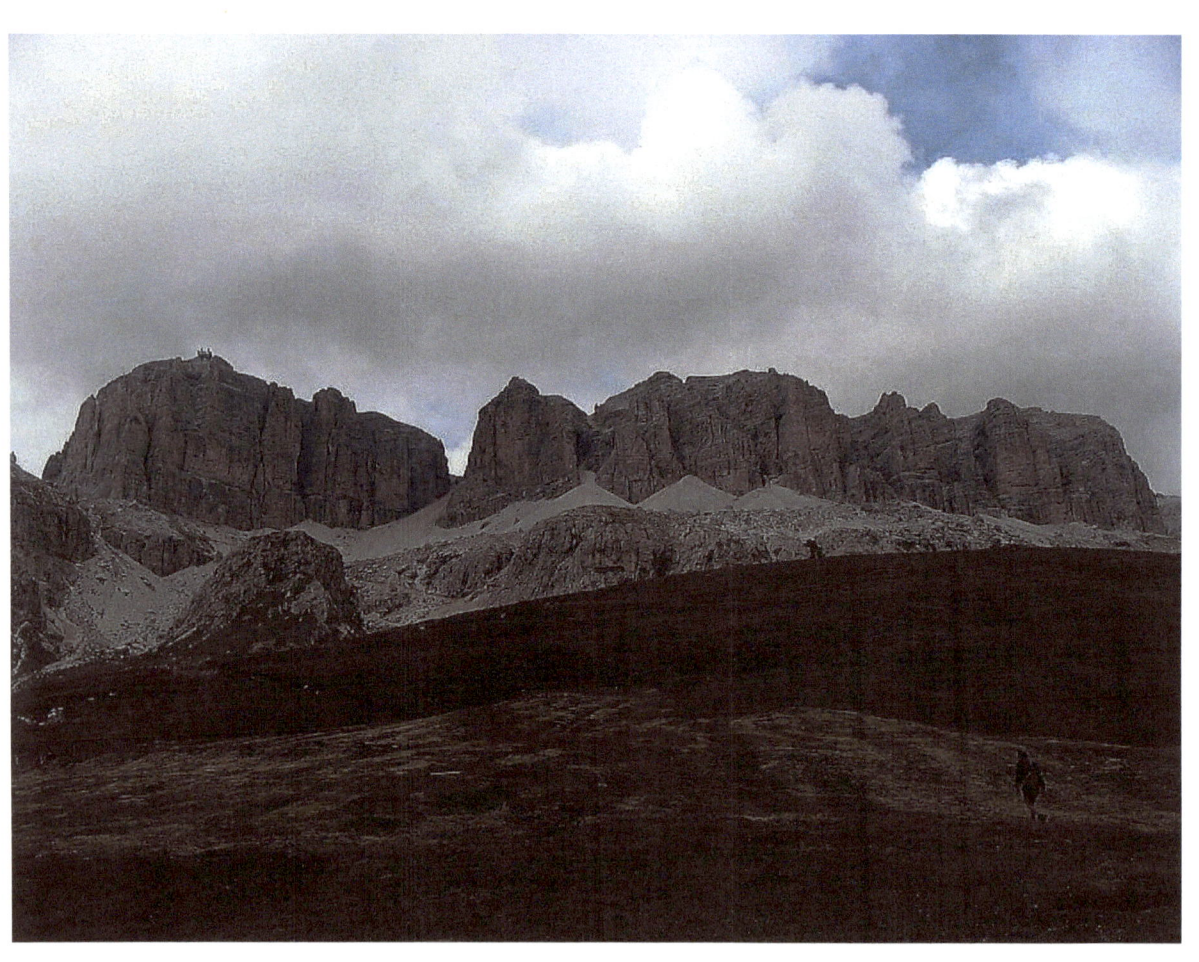

Agosto 2005 - Sella

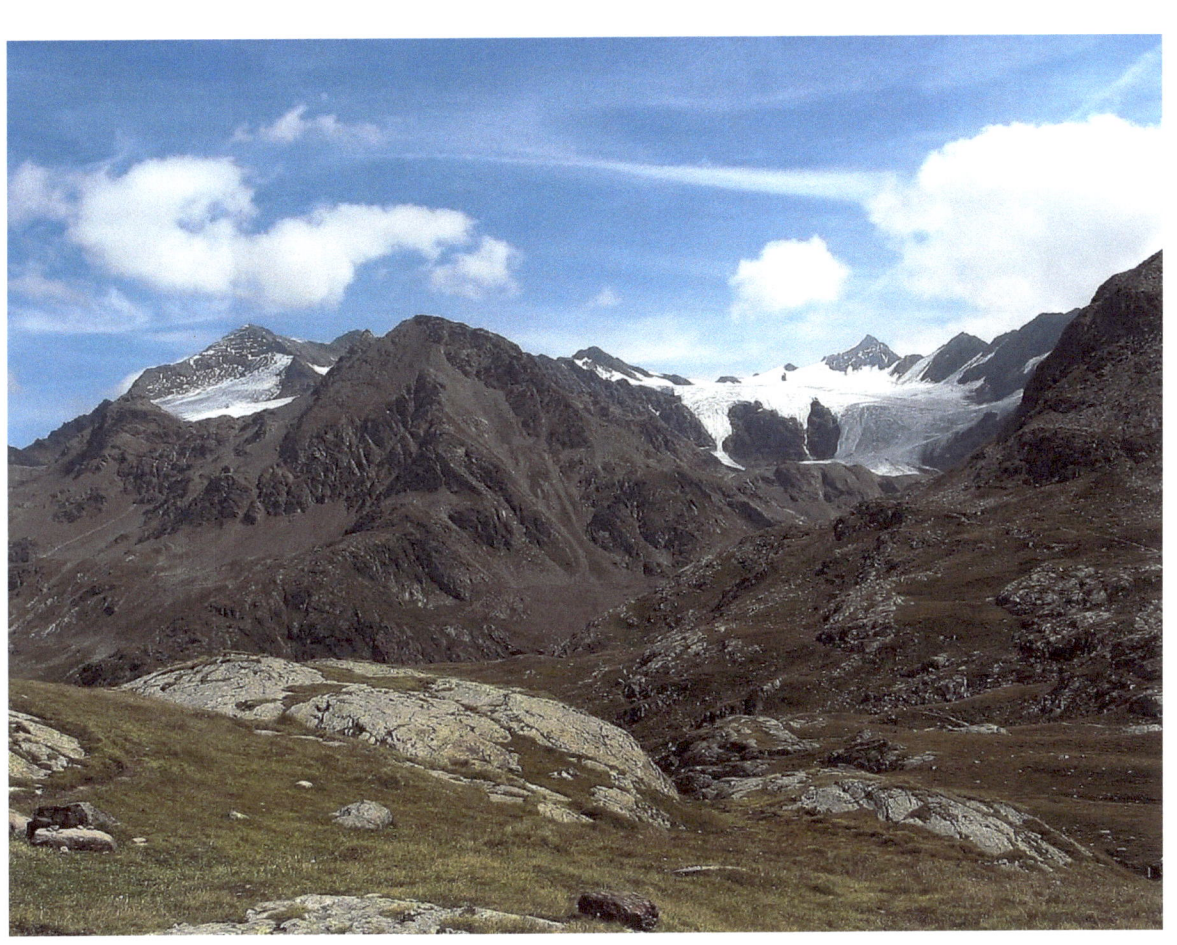

Agosto 2008 - Gavia

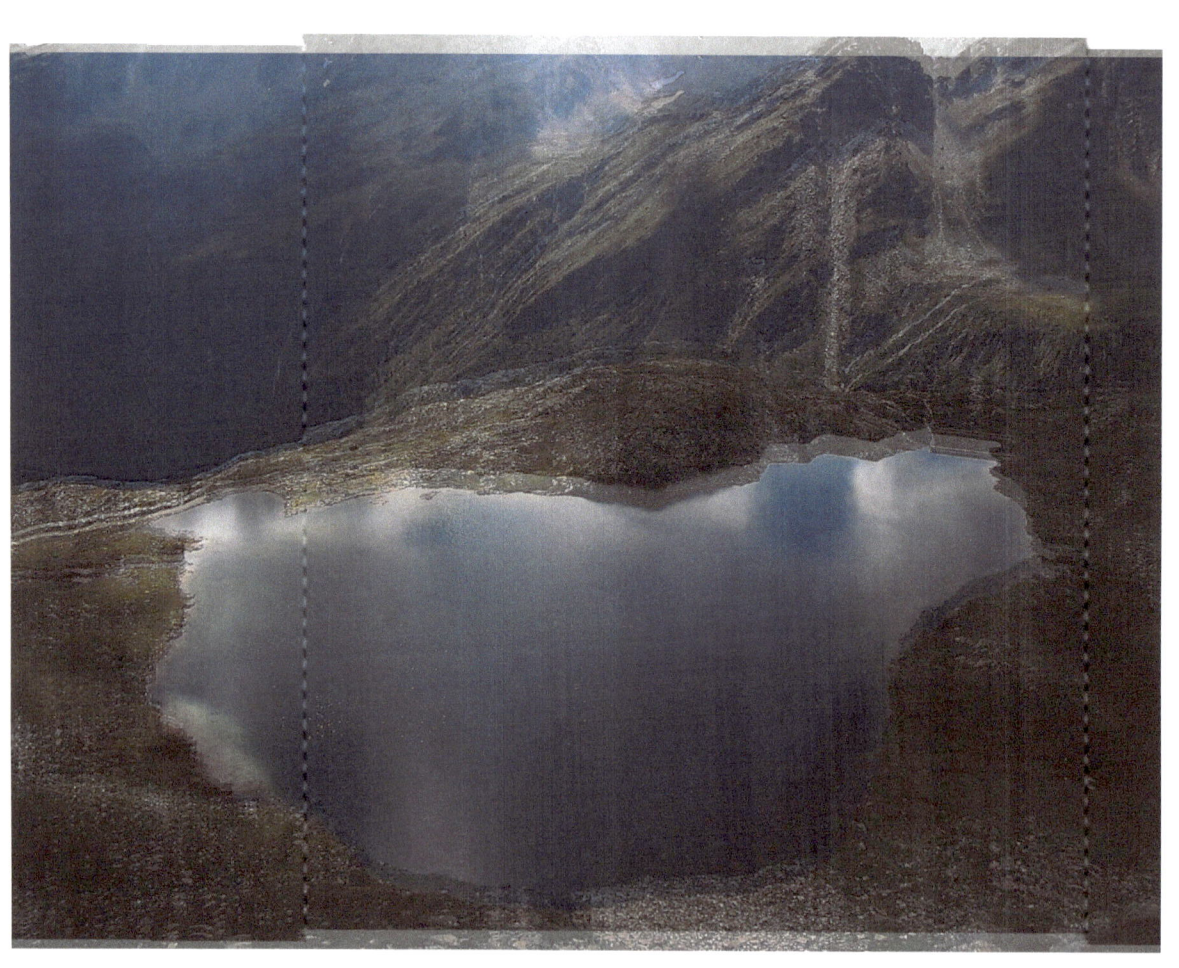

Agosto 2008 - Gavia

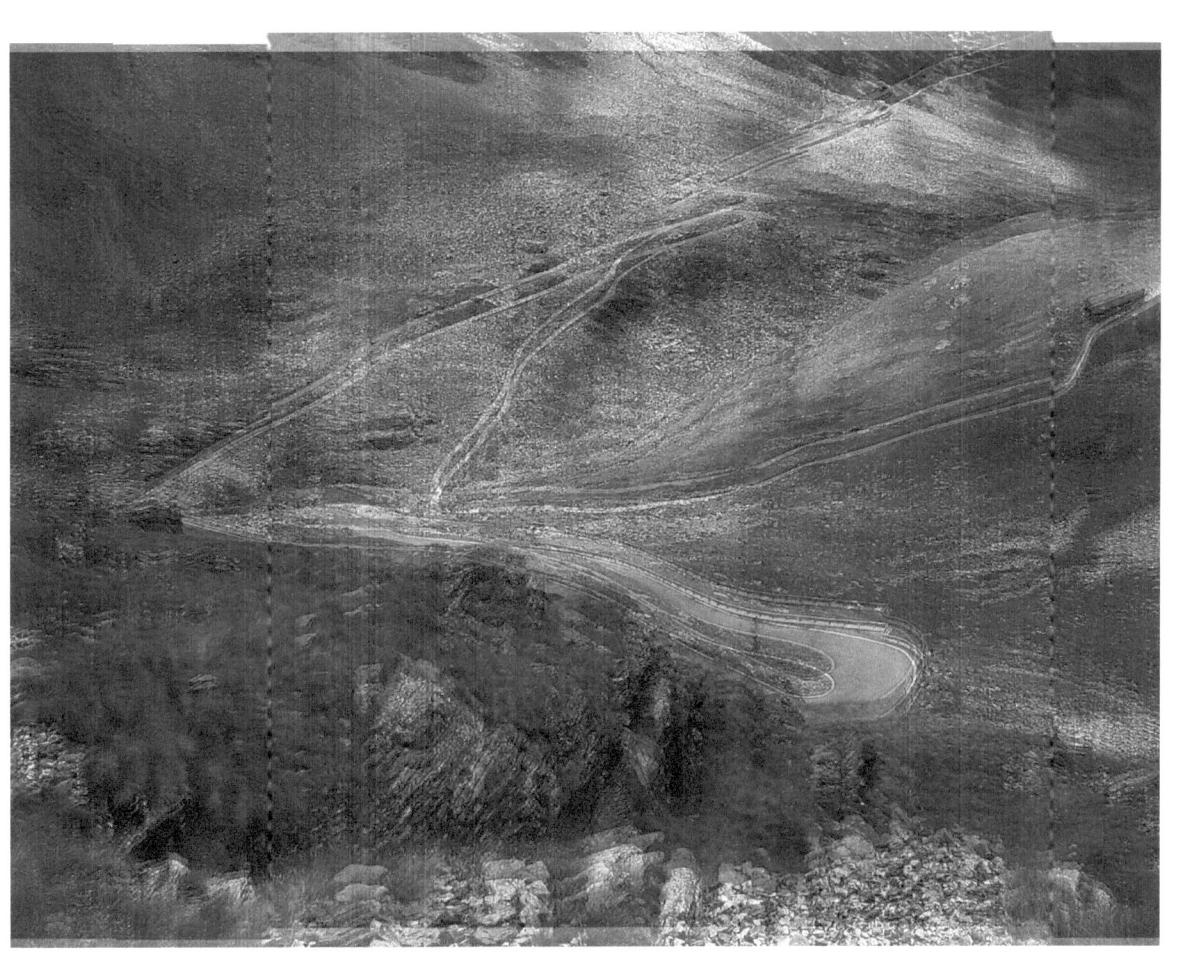

Agosto 2008 - Gavia

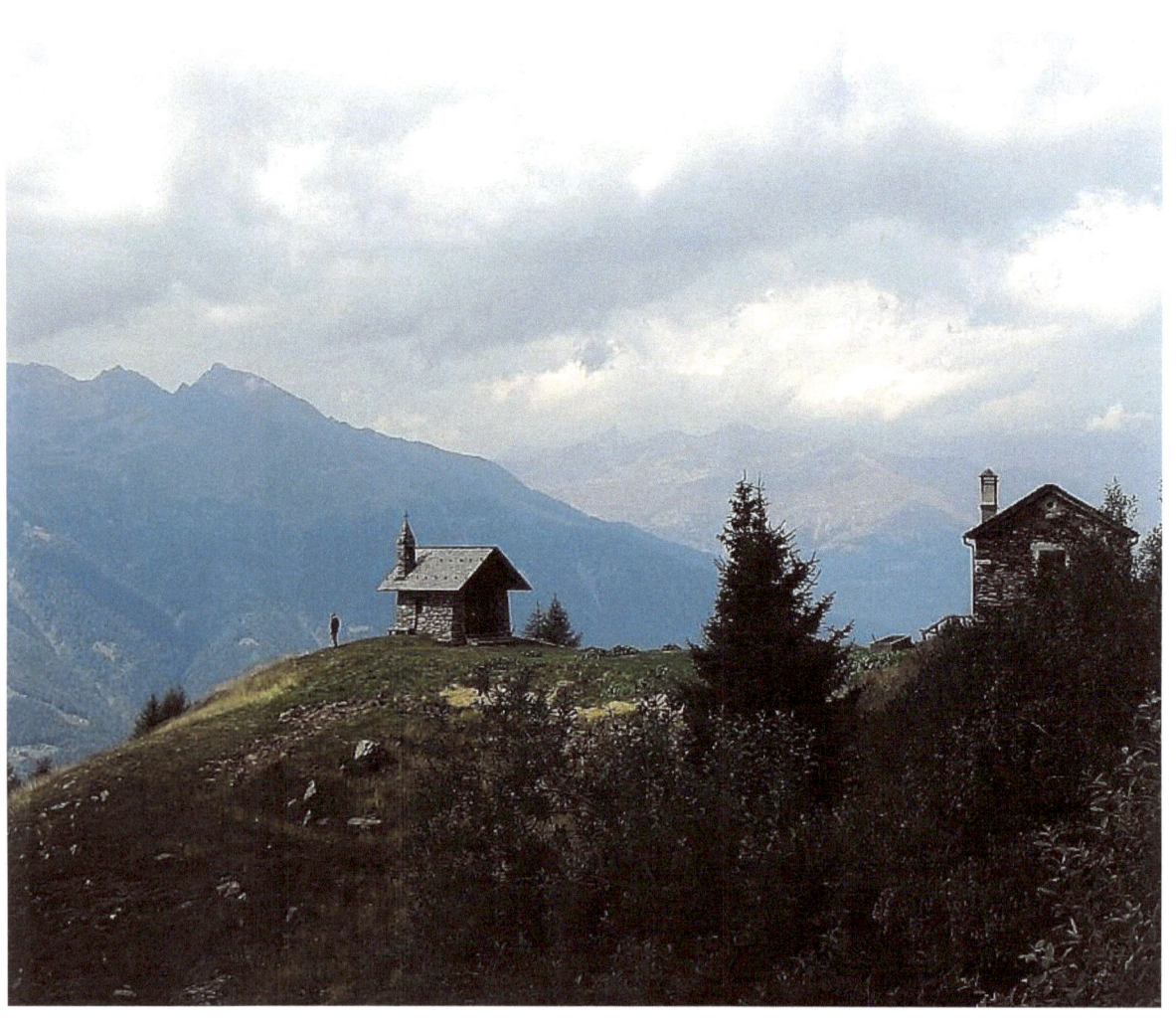

Agosto 2008 - Mortirolo

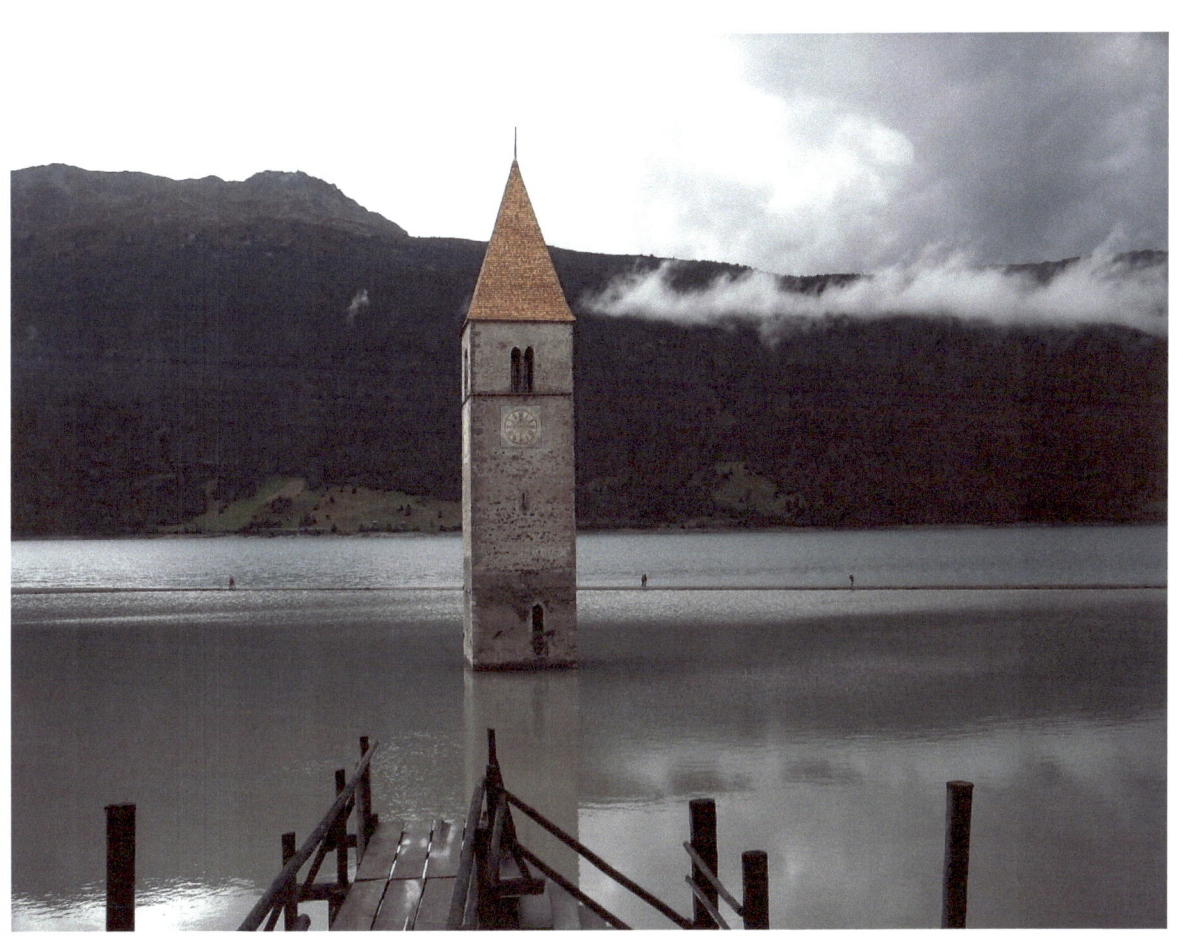

Agosto 2009 - Resia

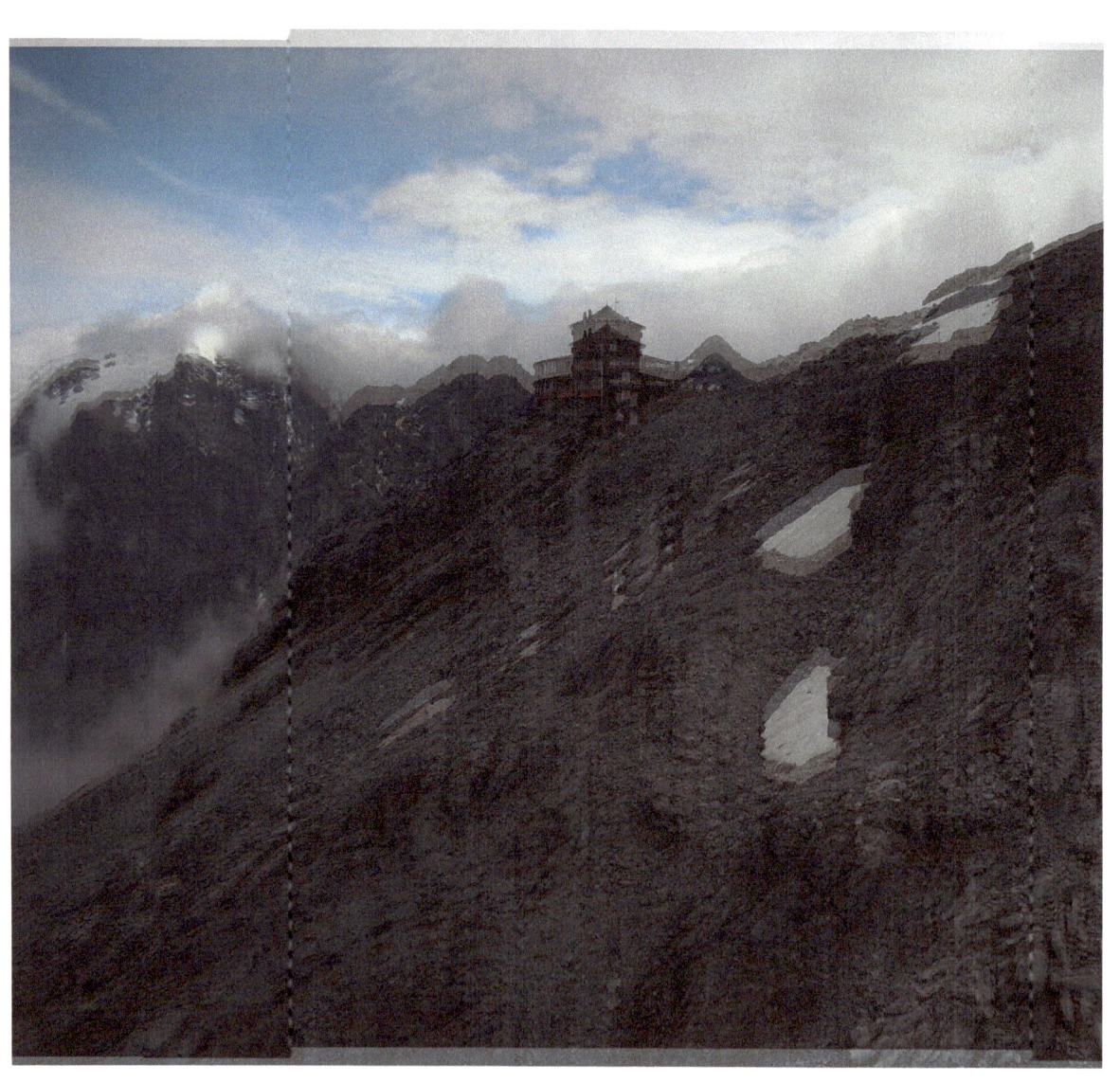

Agosto 2009 - Stelvio

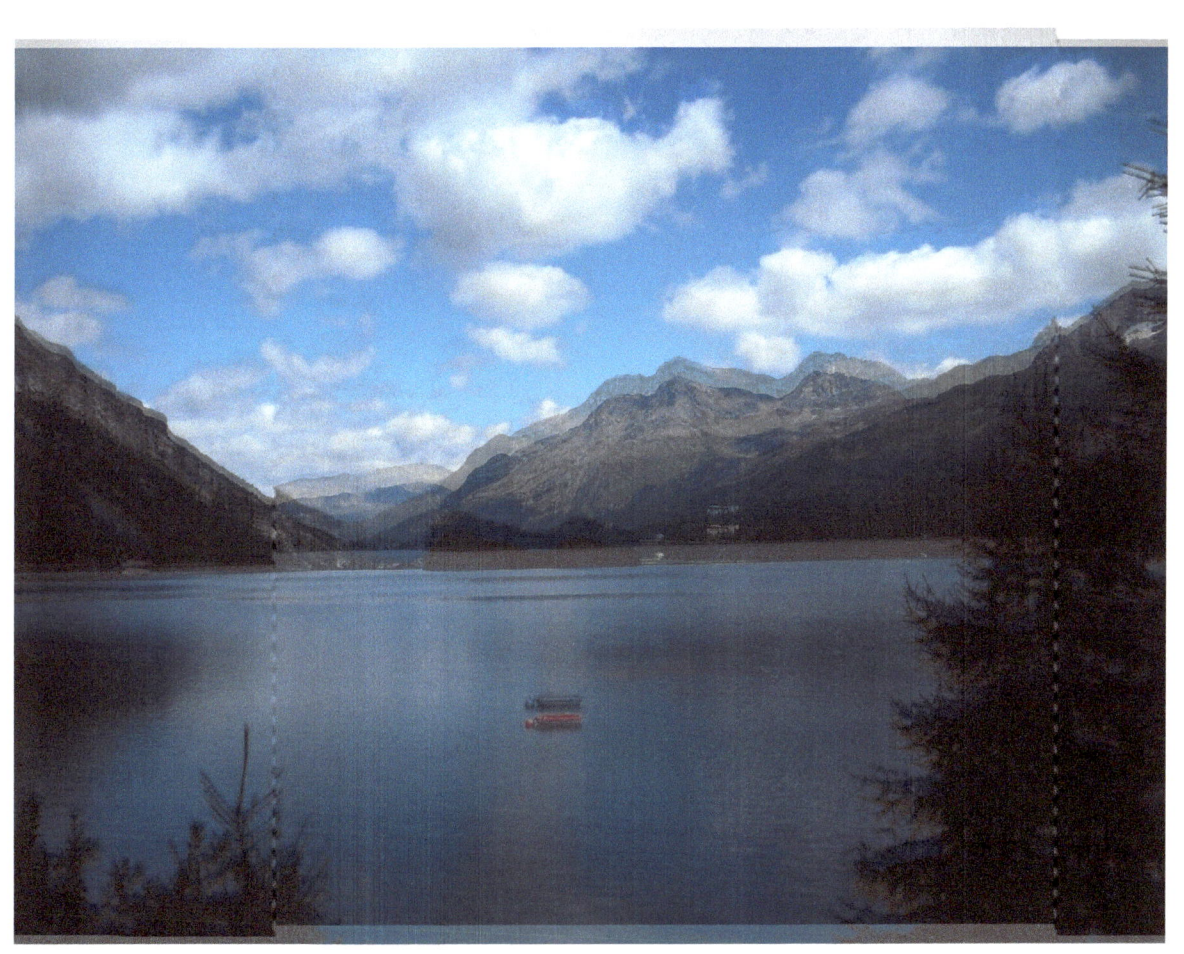

Agosto 2009 – Lago di Sils

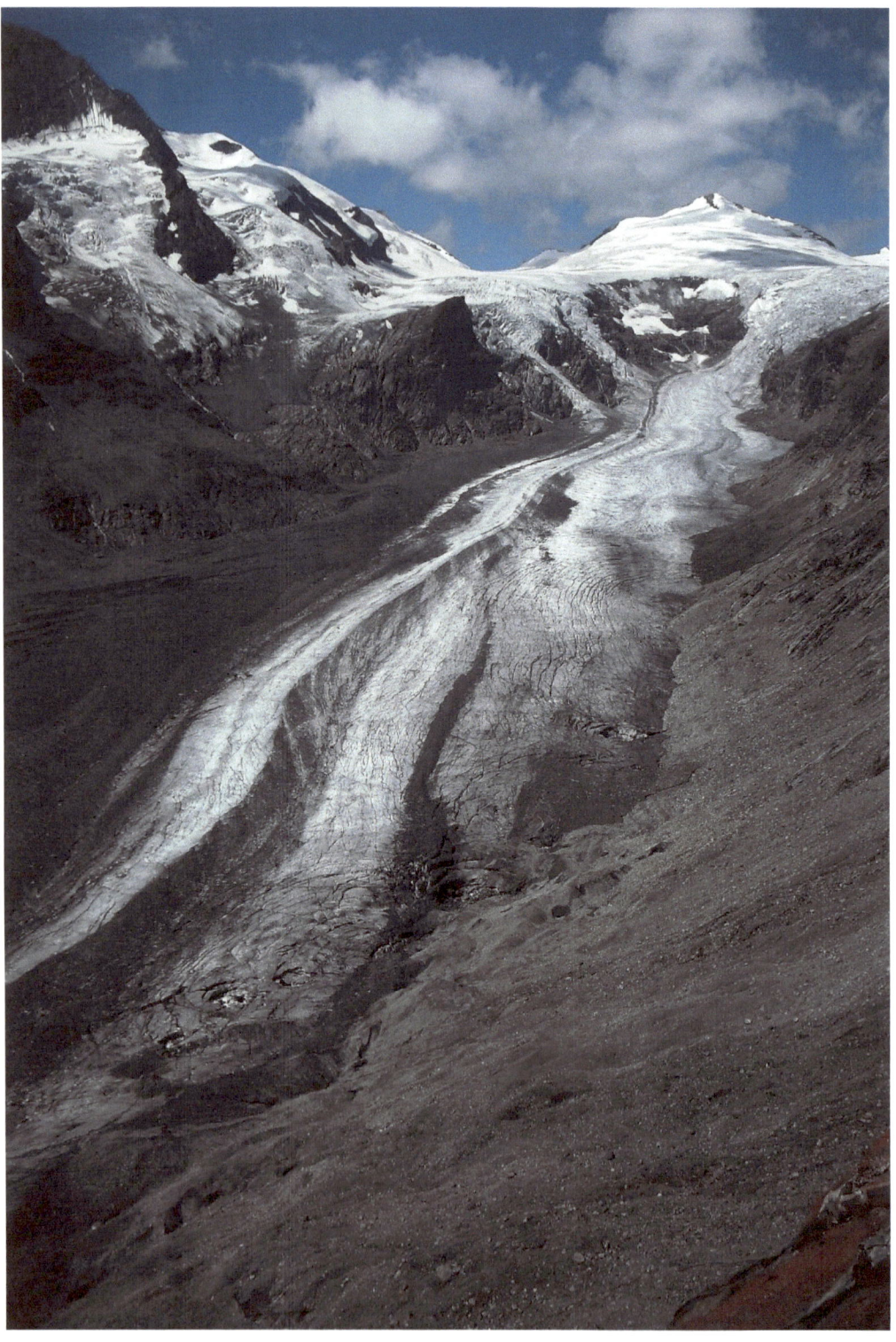

Agosto 2011 - Grossglockner

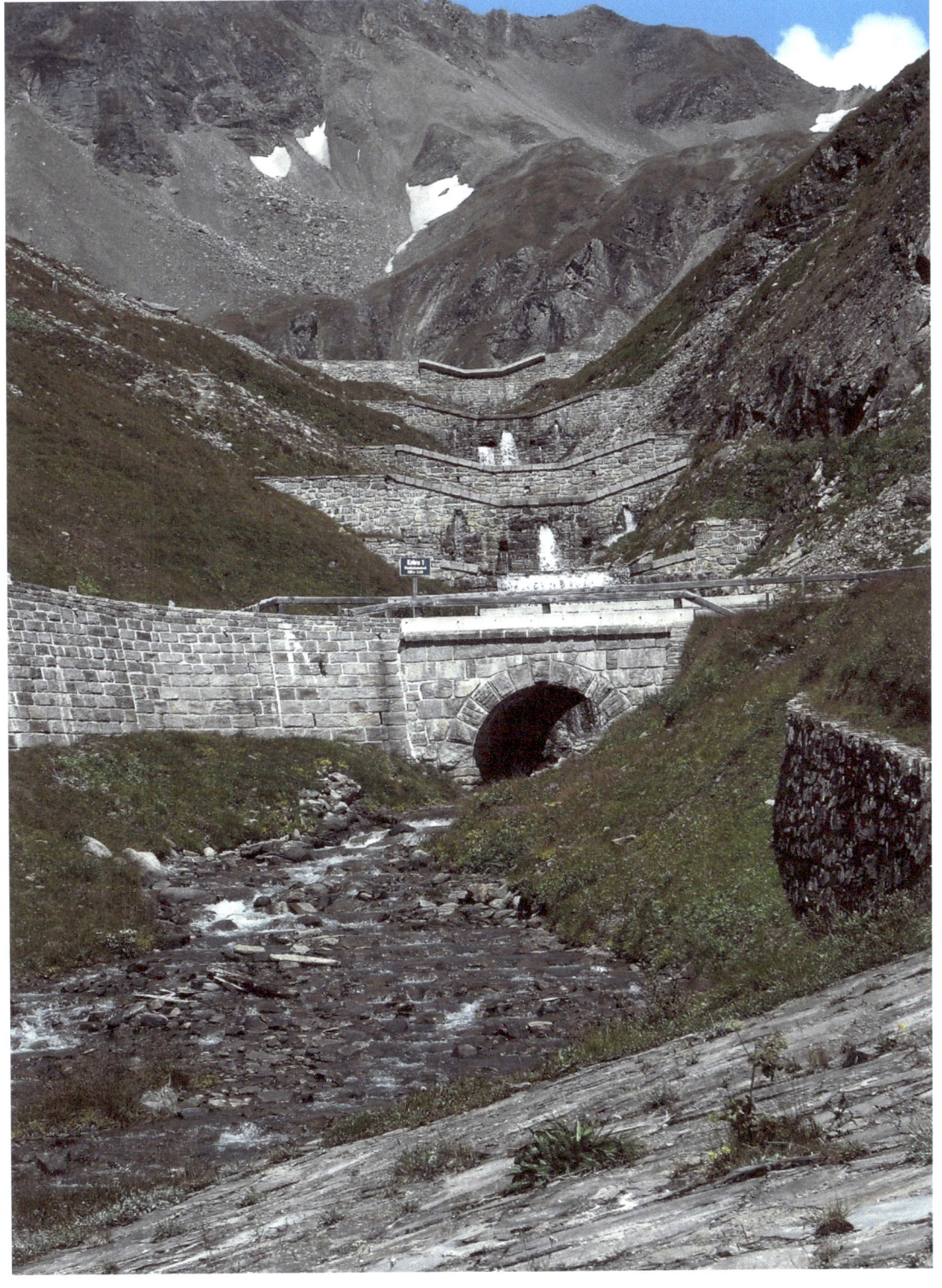

Agosto 2011 - Grossglockner

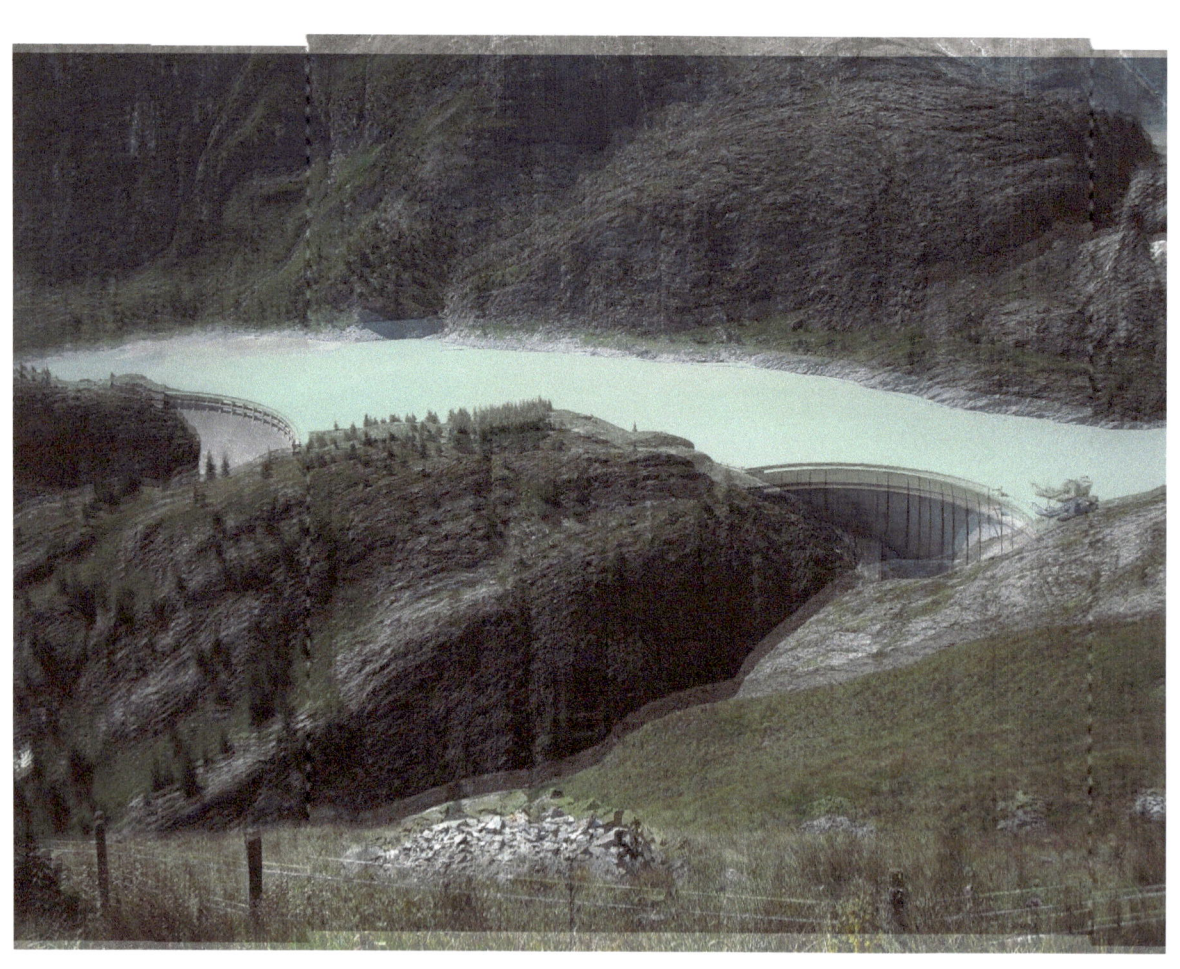

Agosto 2011 - Grossglockner

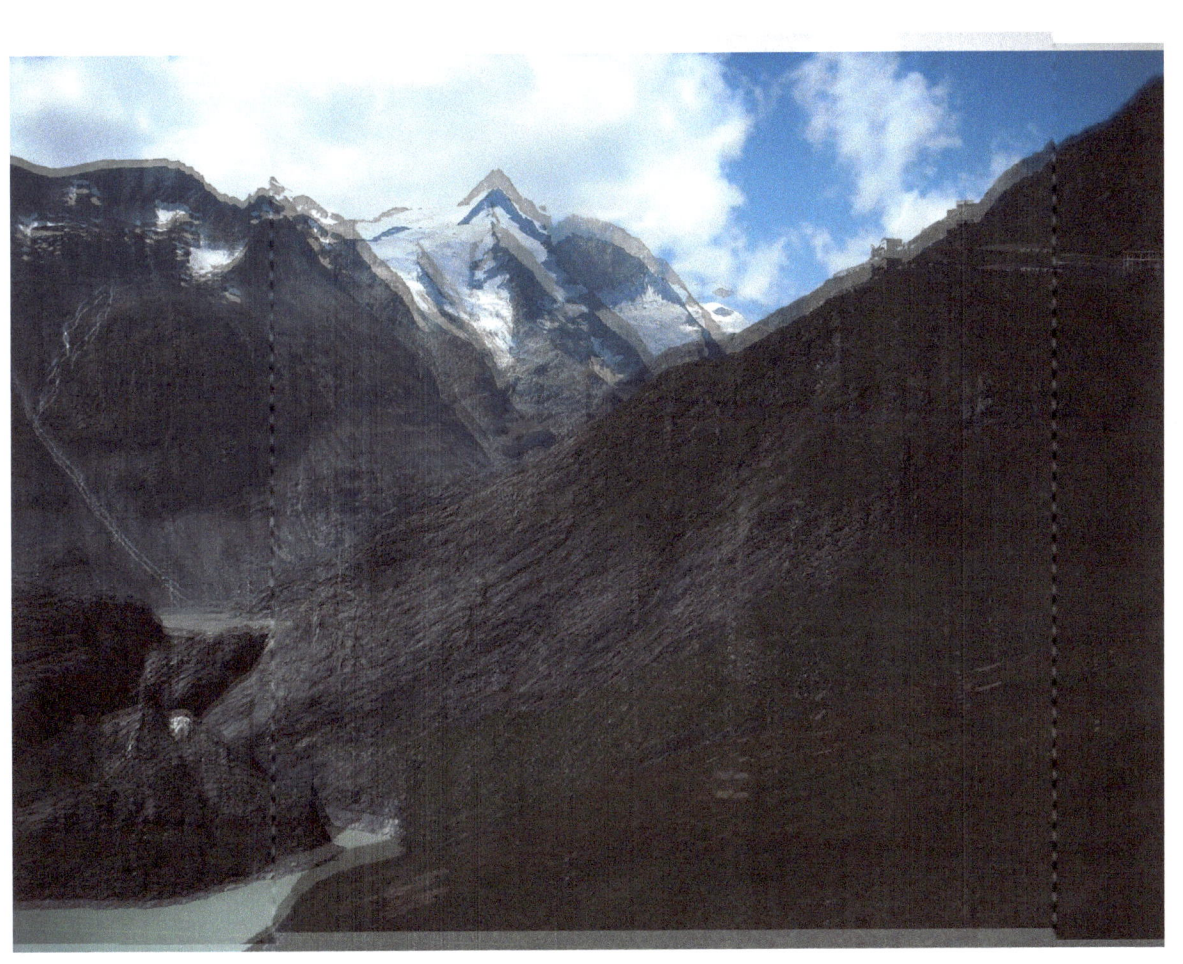

Agosto 2011 - Grossglockner

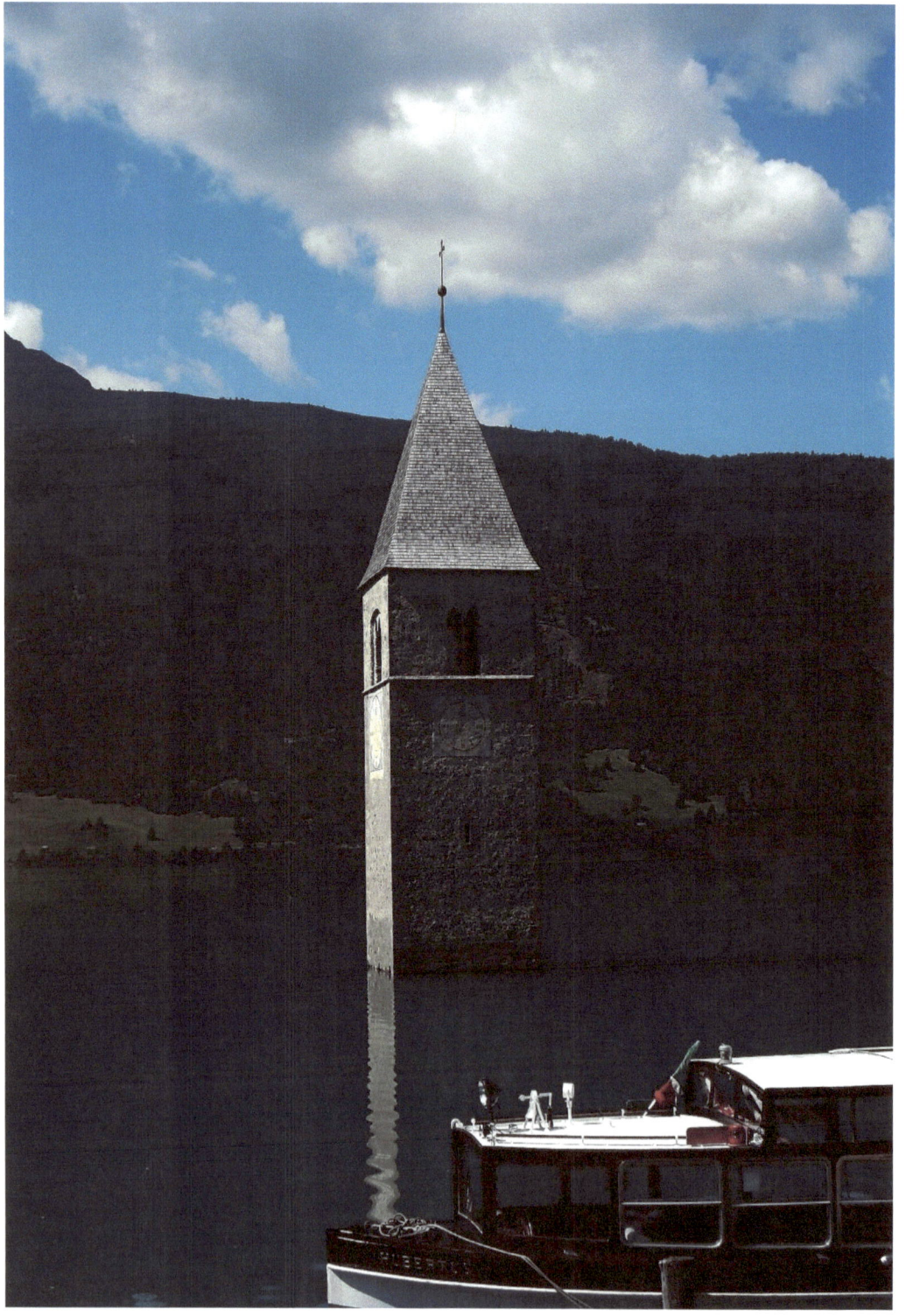

Agosto 2011 - Resia

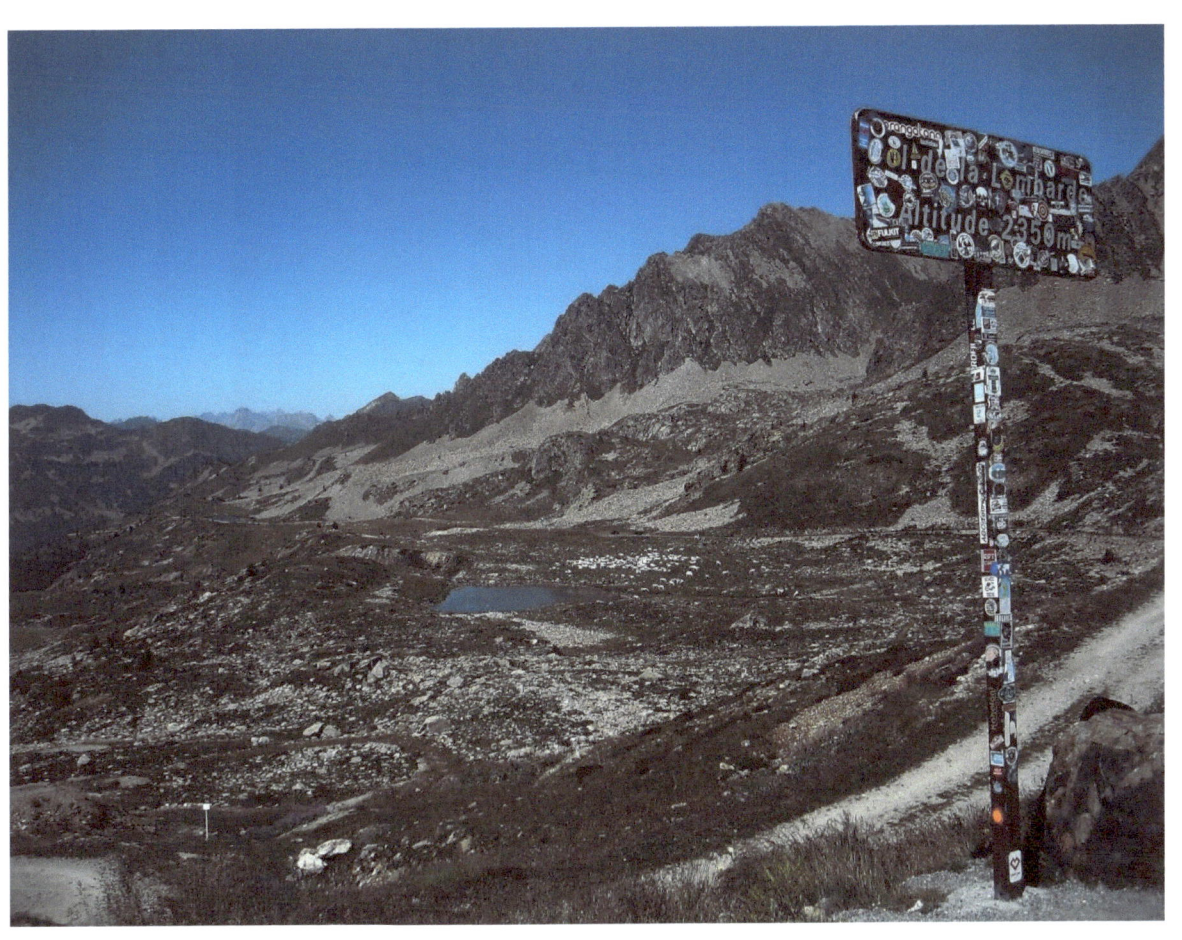

Agosto 2014 - Lombarde

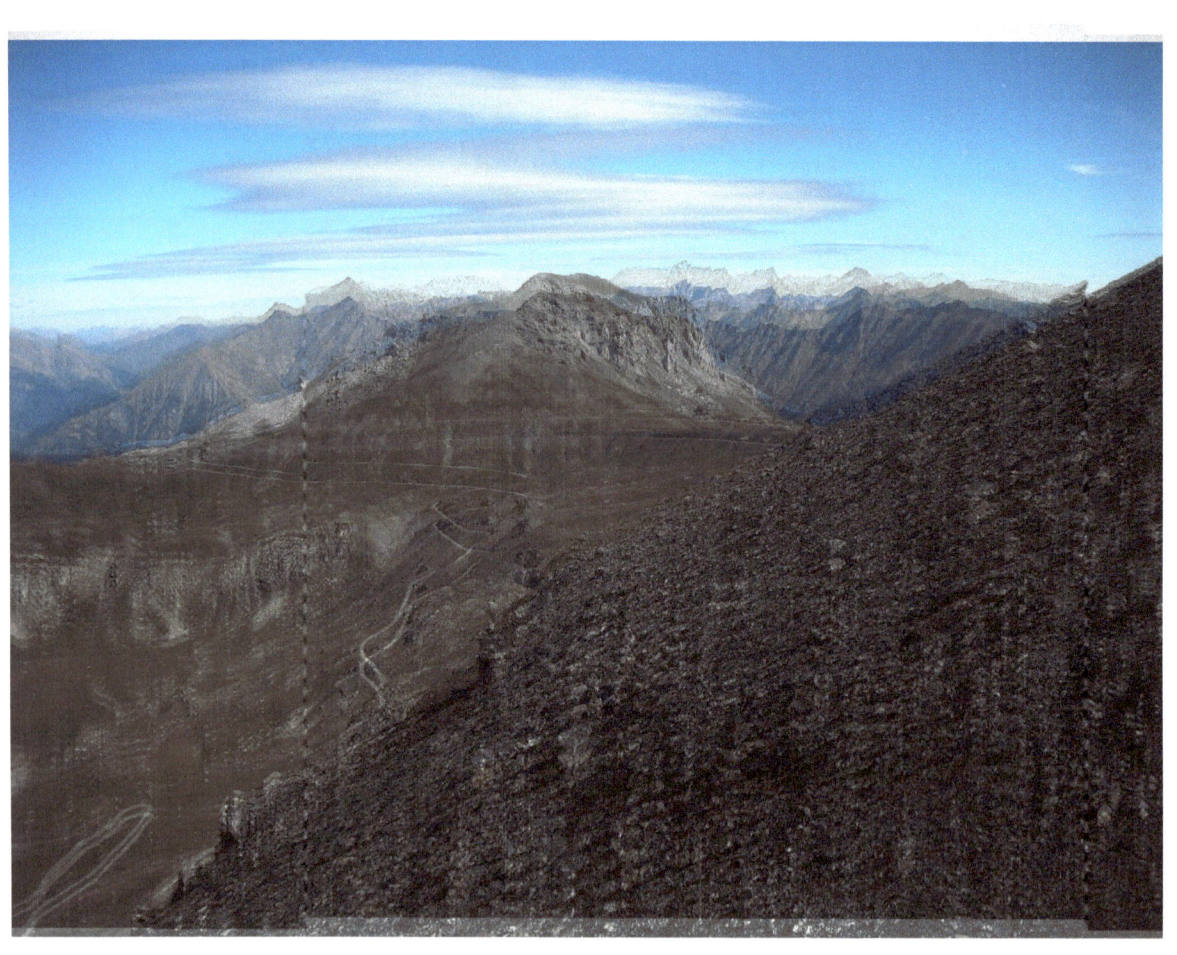

Agosto 2014 - Bonette

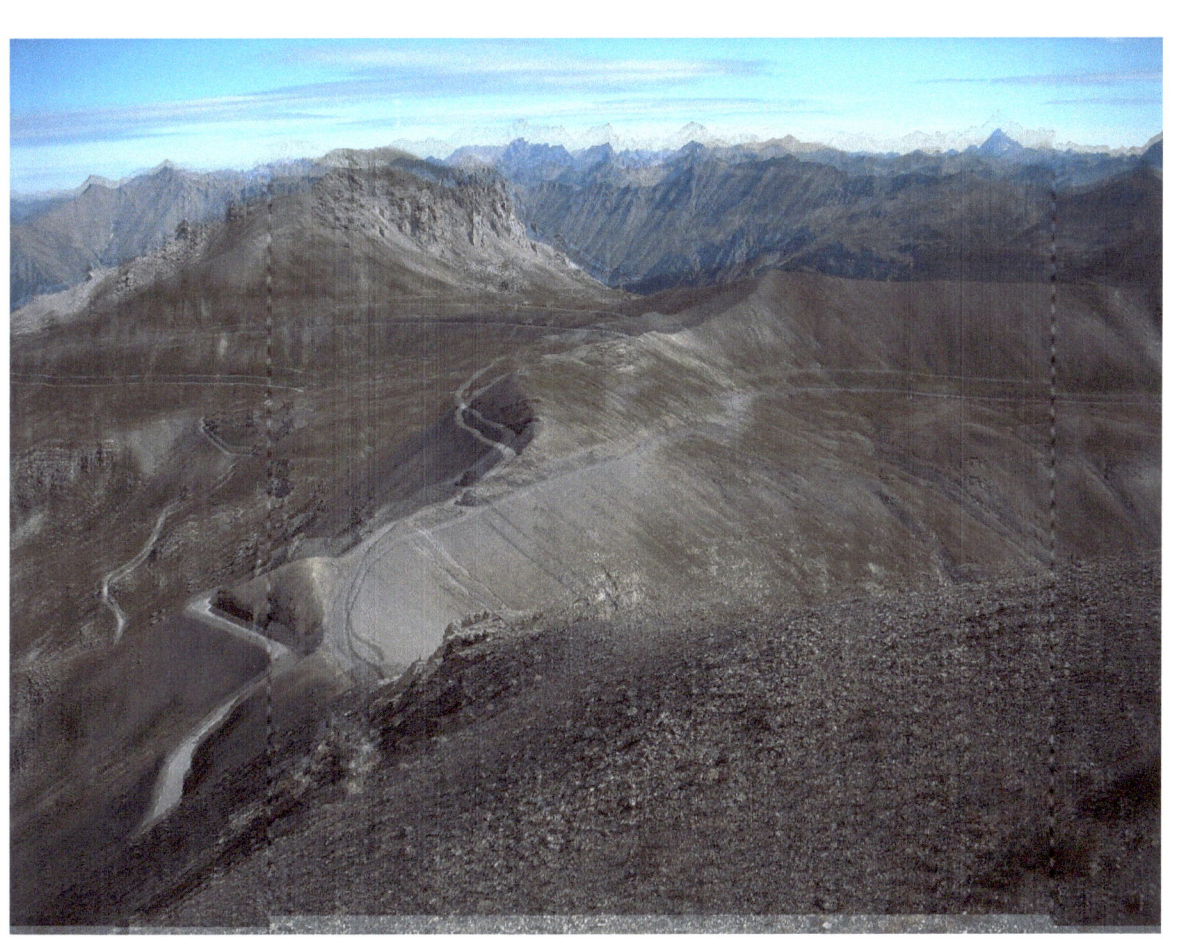

Agosto 2014 - Bonette

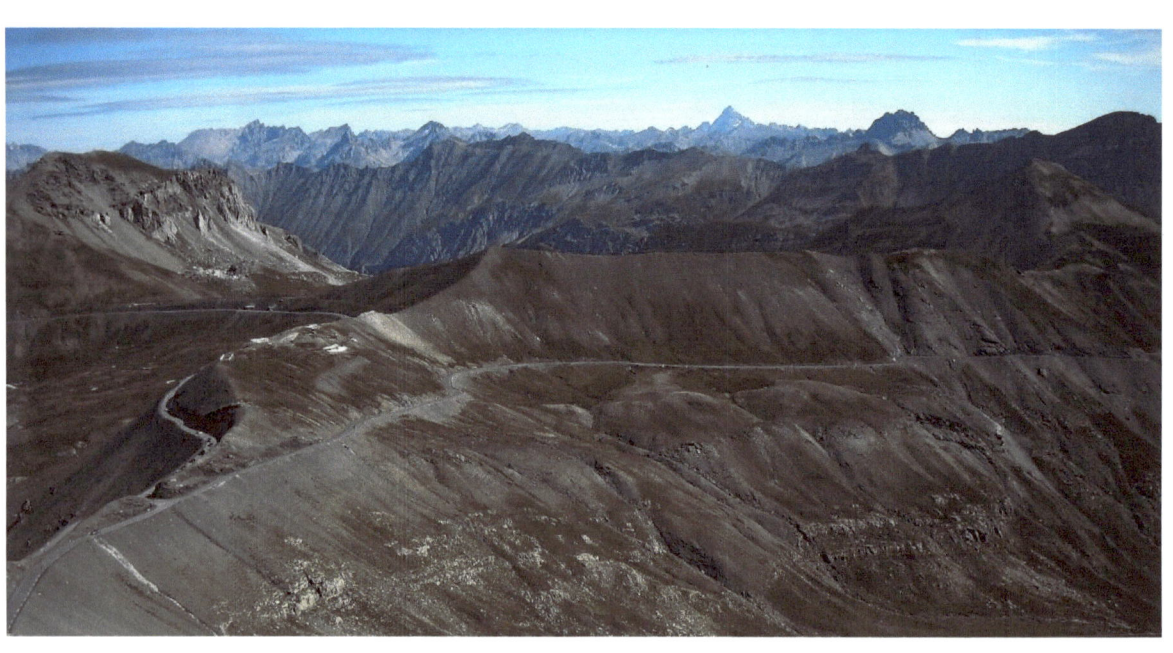

Agosto 2014 - Bonette

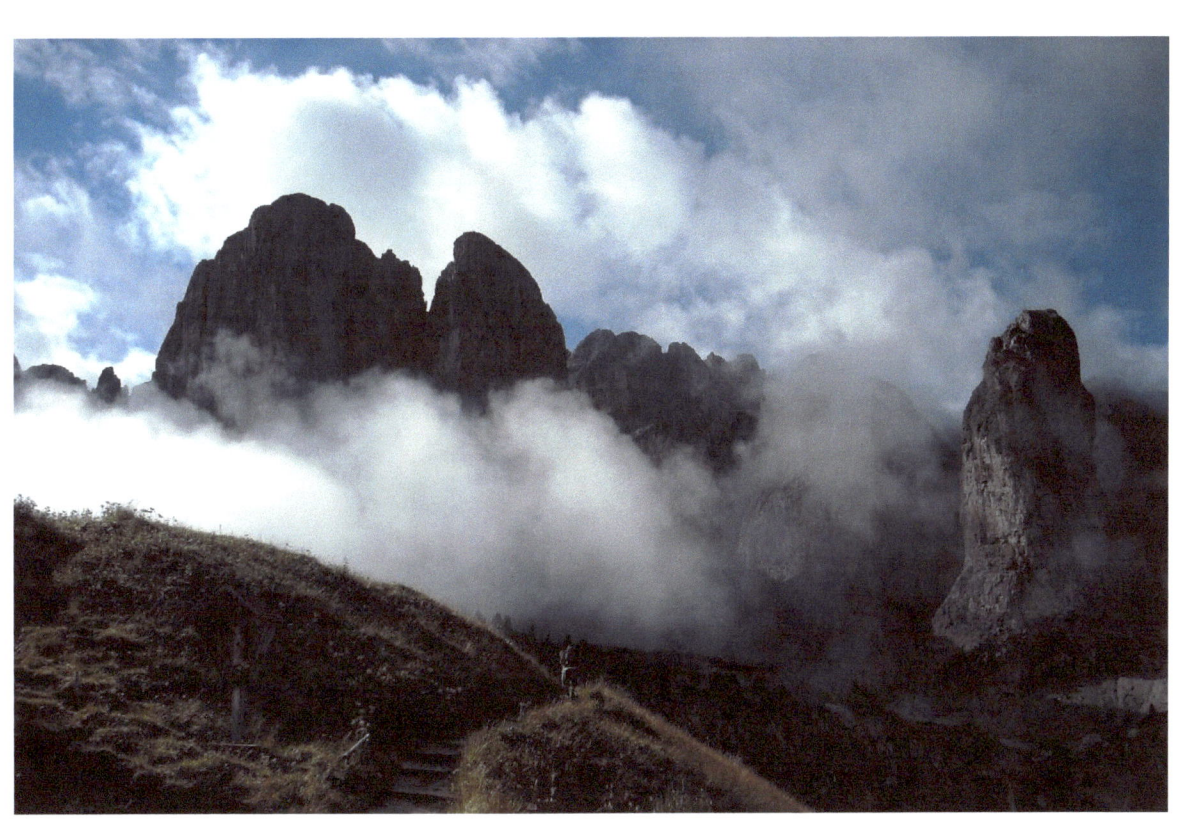

Agosto 2015 - Sella

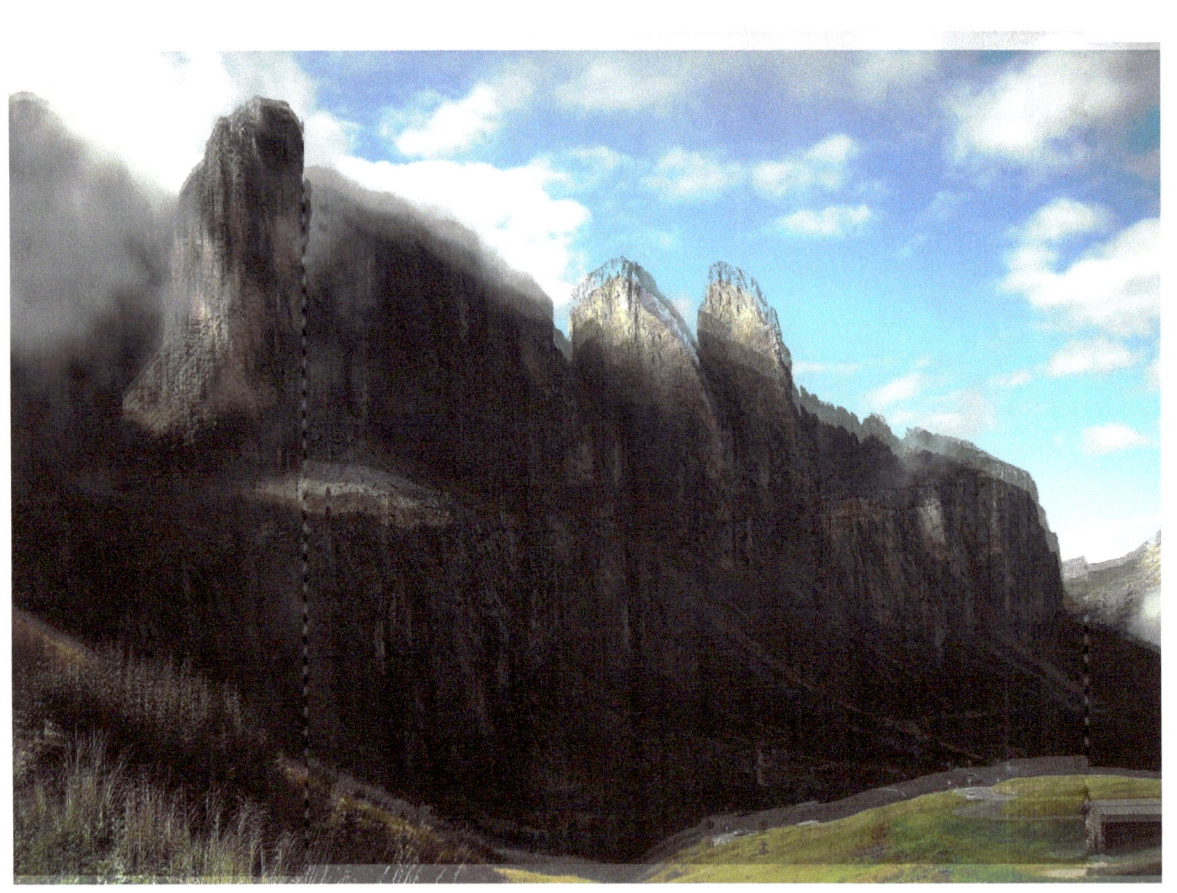

Agosto 2015 - Sella

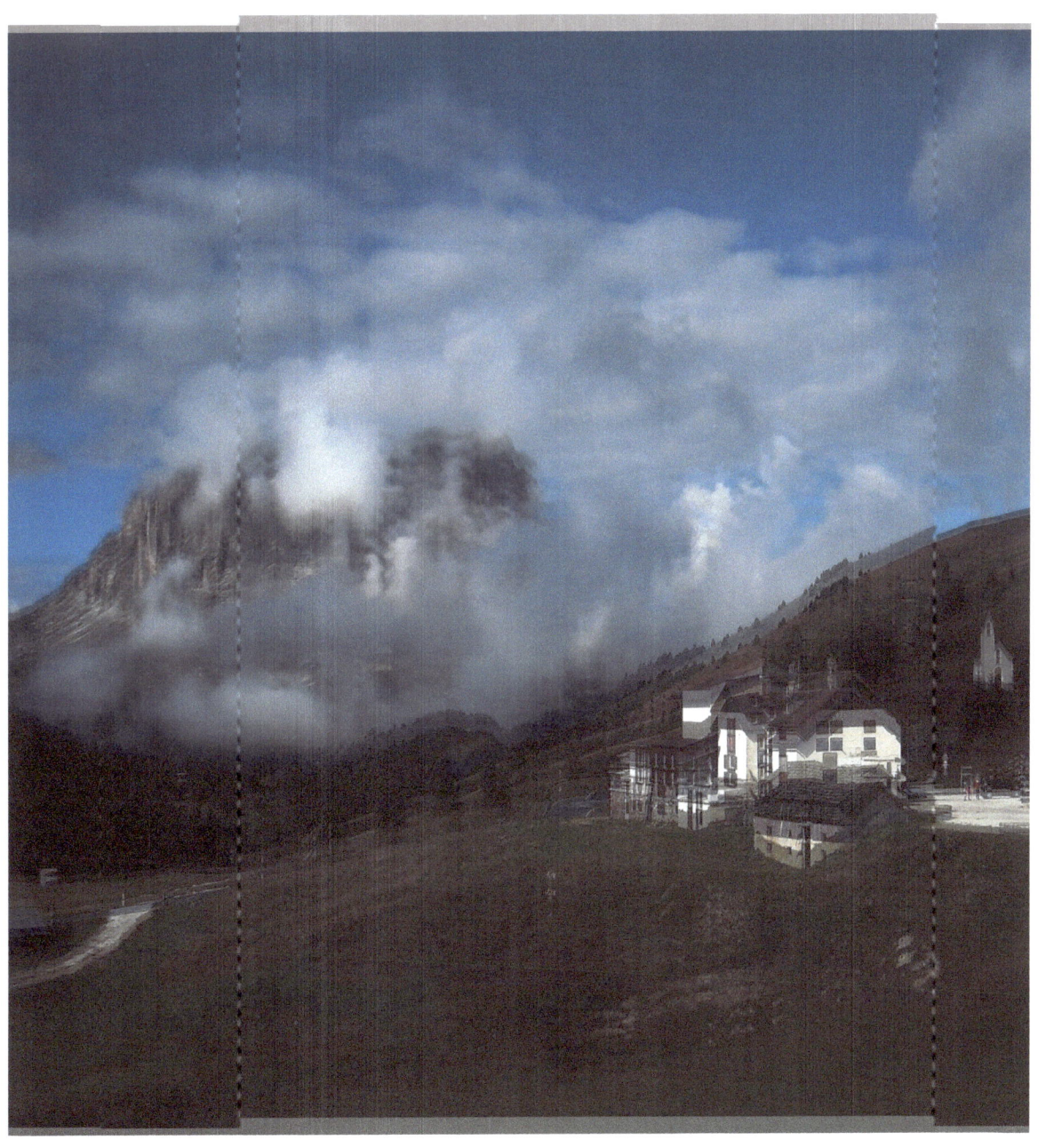

Agosto 2015 - Sella

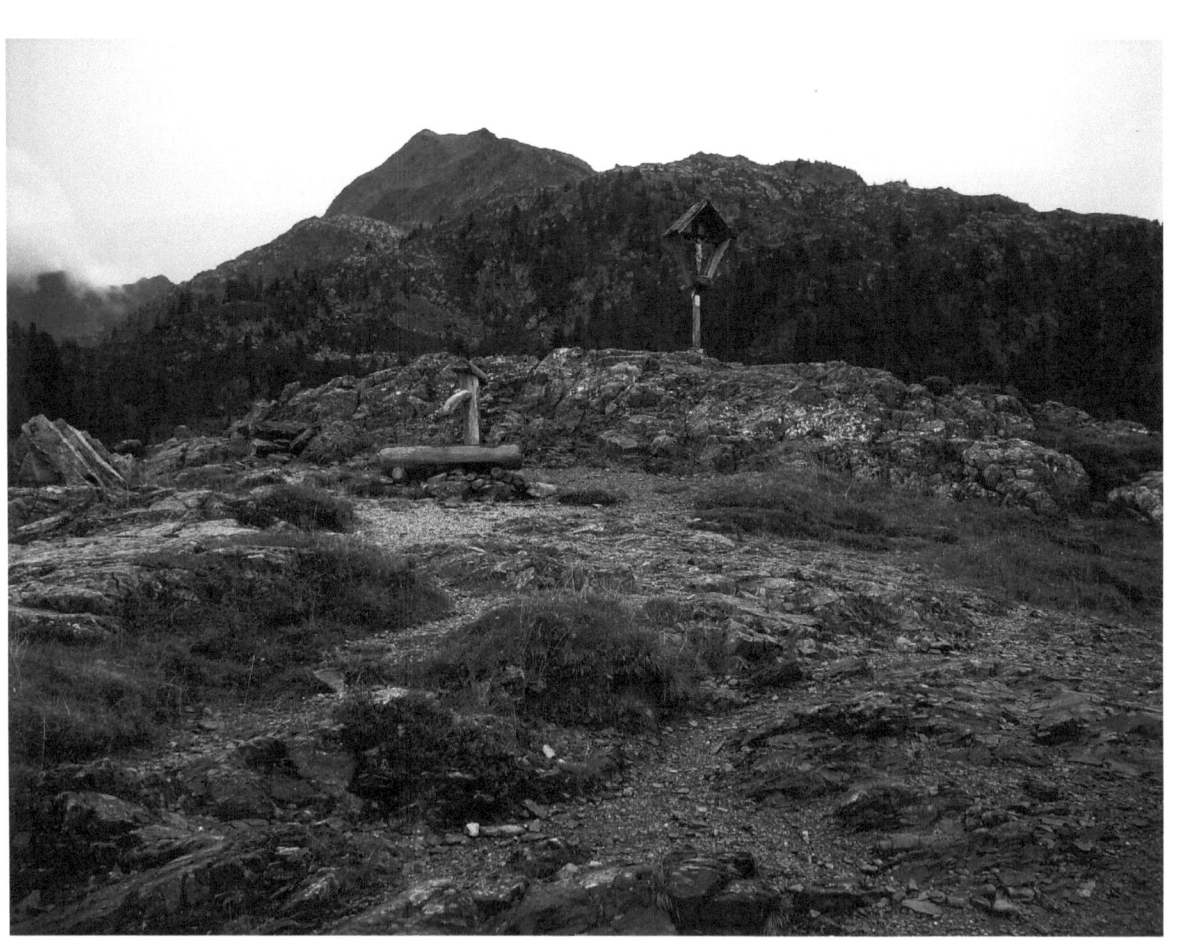

Agosto 2015 - Stalle

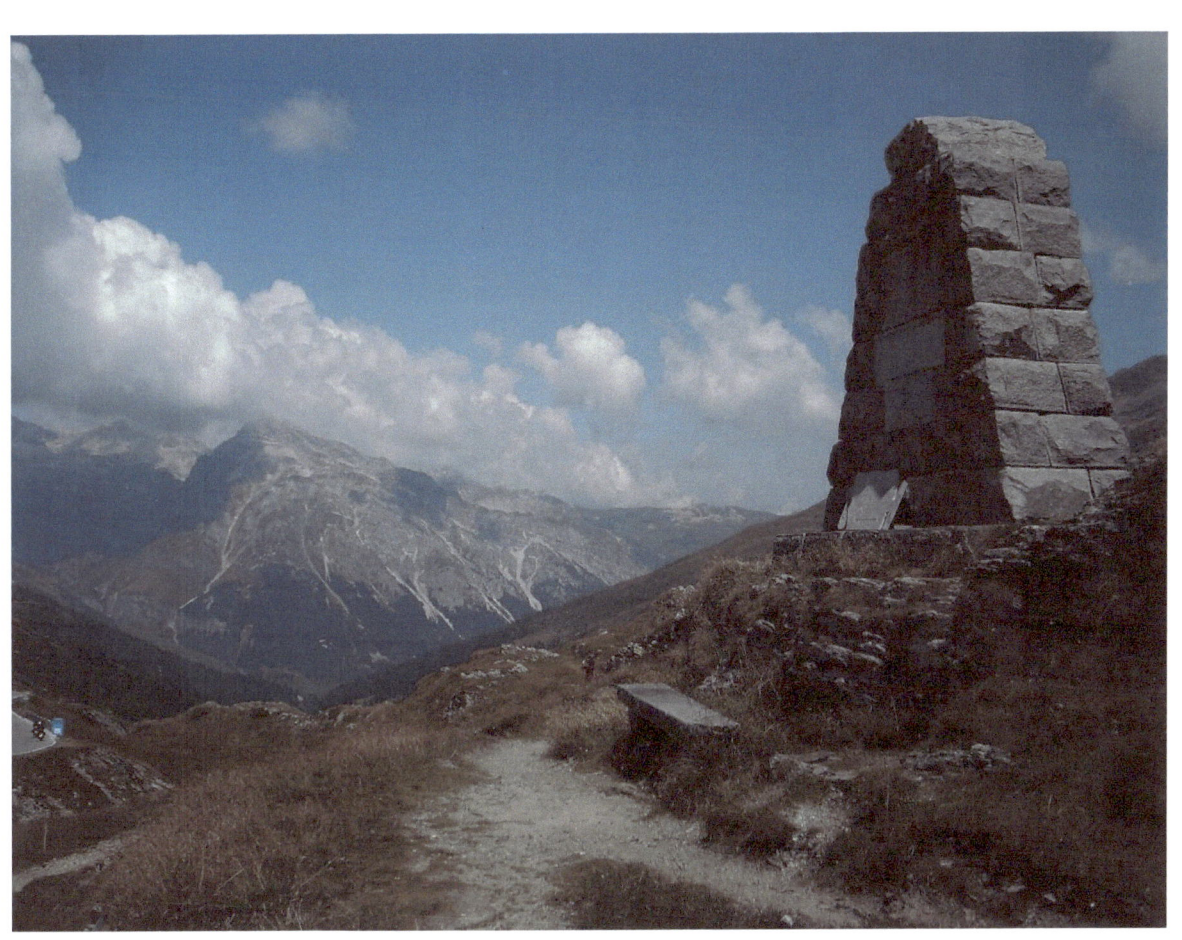

Agosto 2015 - Spluga

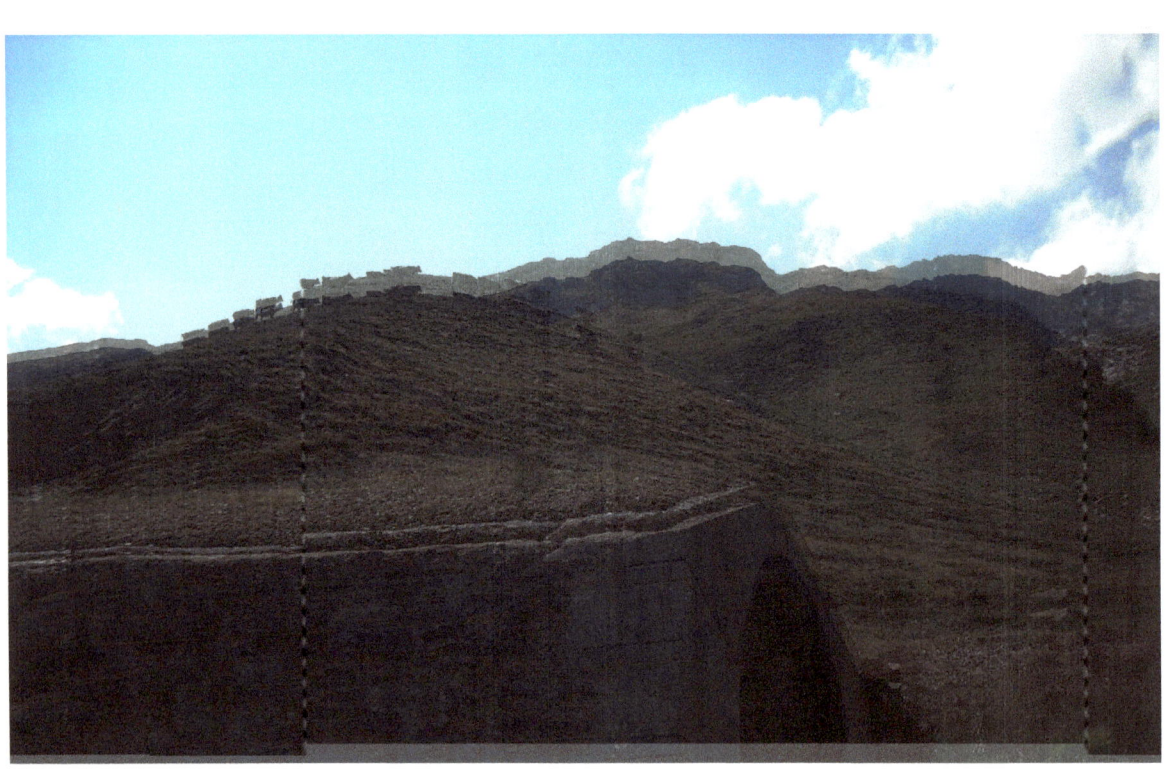

Agosto 2015 - Spluga

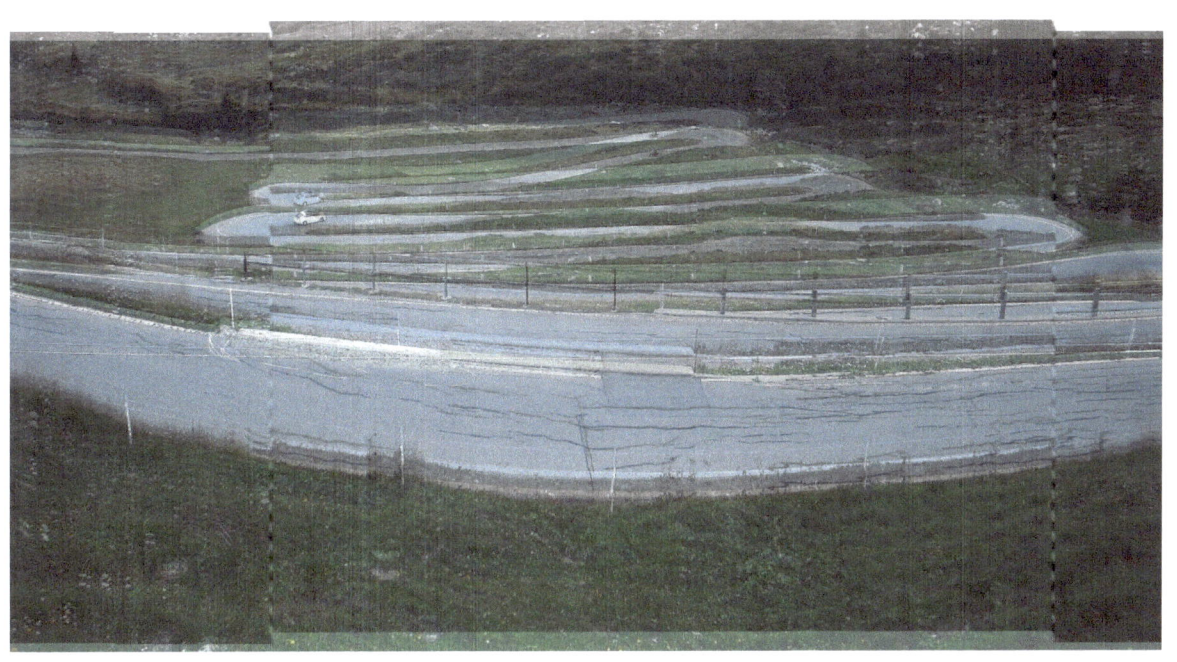

Agosto 2015 - Spluga

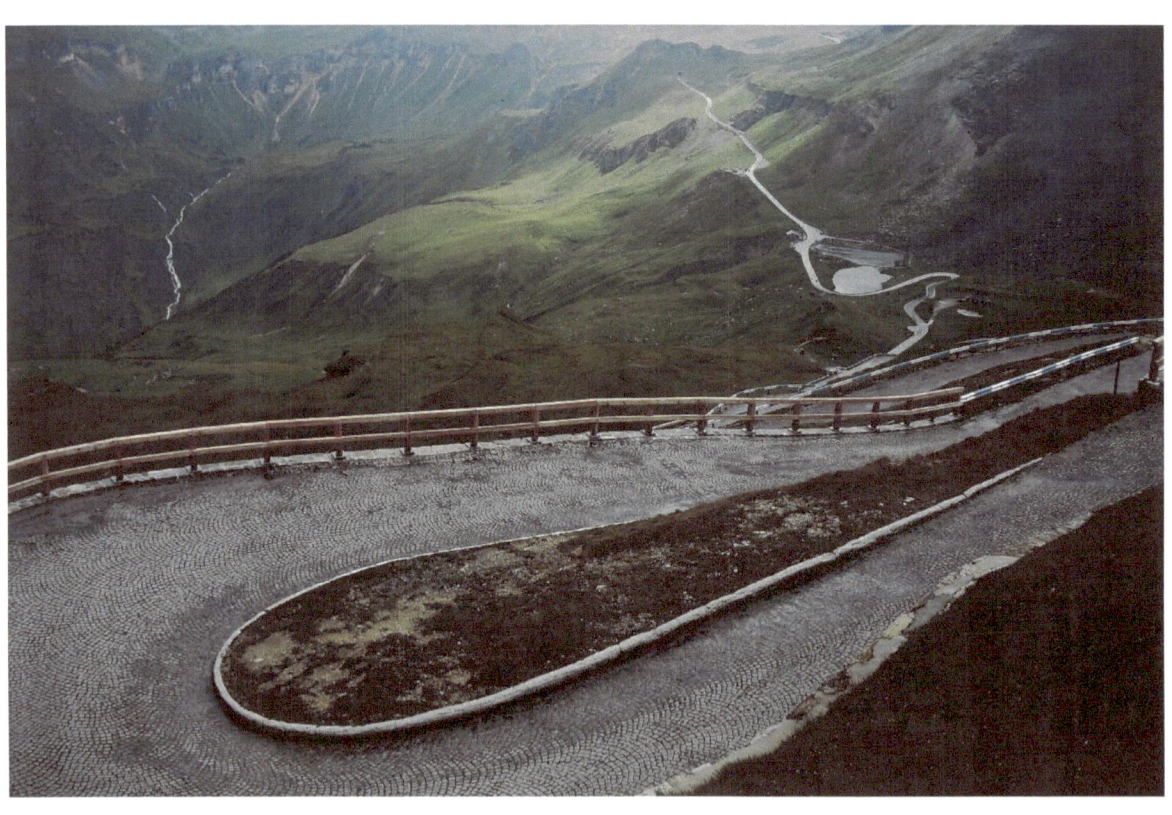

Agosto 2017 - Grossglockner

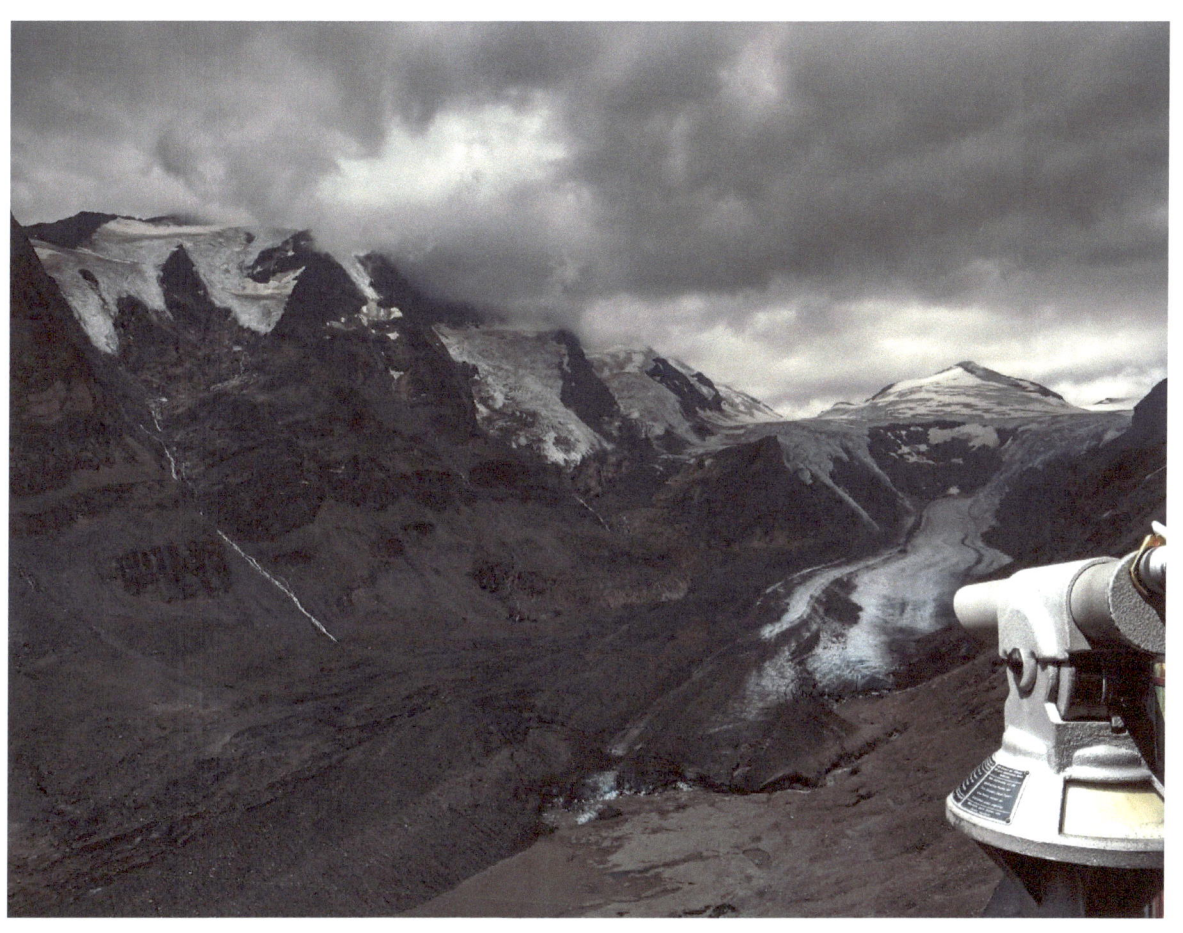

Agosto 2017 - Grossglockner

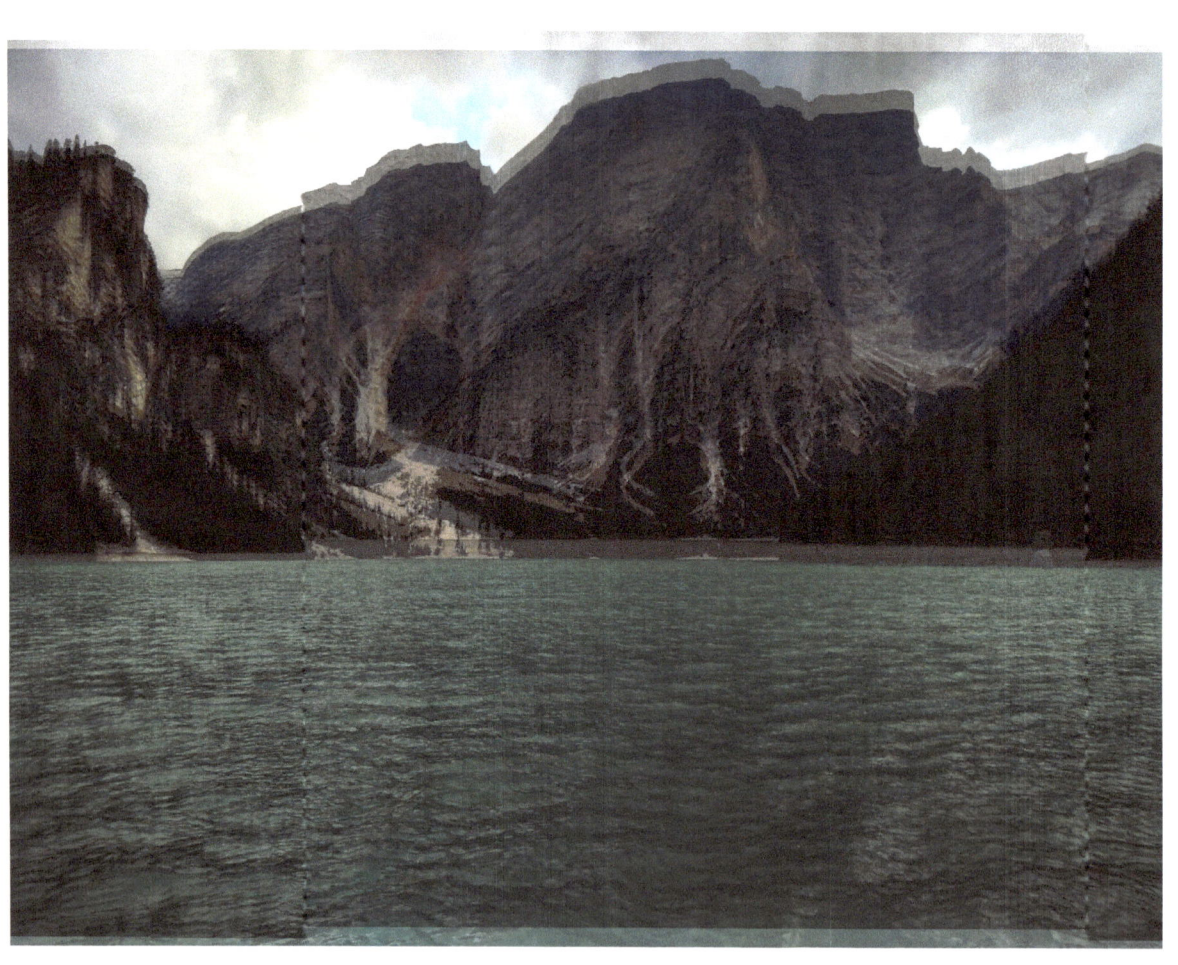

Agosto 2017 – Lago di Braies

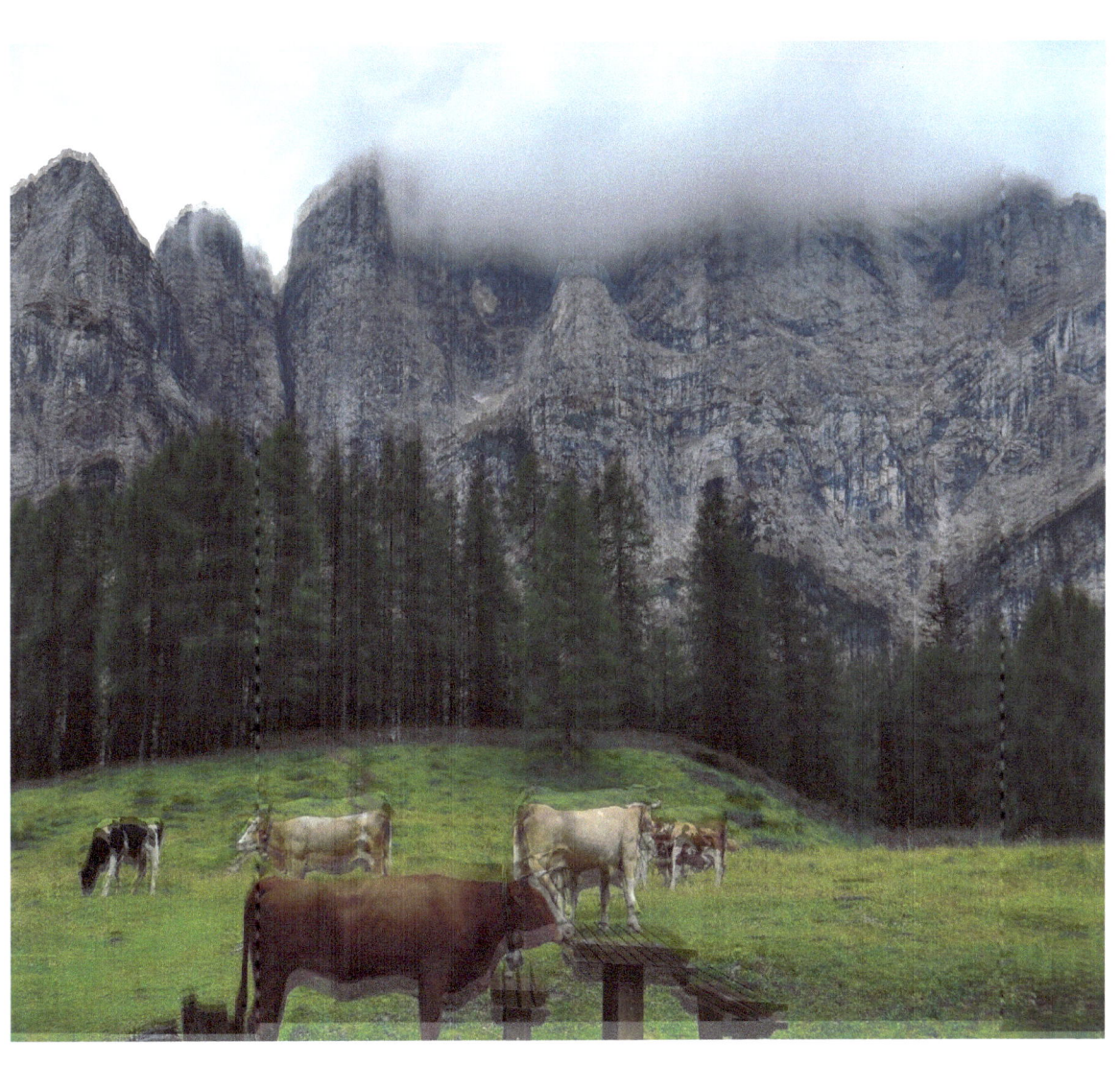

Agosto 2017 - Moistrocca

www.ingramcontent.com/pod-product-compliance
Lightning Source LLC
Chambersburg PA
CBHW051918210526
45473CB00006B/2062